한자를 알면 어휘가 보인다

기초한자 700

한자 단어 쓰기 연습 노트

편집부 지음

도서출판 크그느림

한자를 알면 어휘가 보인다

기초한자 700

초판 발행 · 2020년 4월 13일
초판 3쇄 발행 · 2023년 7월 31일

지은이 편집부
펴낸이 이강실
펴낸곳 도서출판 큰그림
등 록 제2018-000090호
주 소 서울시 마포구 양화로 133 서교타워 1703호
전 화 02-849-5069
문 자 010-6448-5069
팩 스 02-6004-5970
이메일 big_picture_41@naver.com

디자인 예다움
인쇄 및 제본 미래피앤피

가격 7,000원
ISBN 979-11-964590-8-6 43710

요즘 중·고등 학생들의 단어 이해 능력은 과거의 학생들보다 매우 낮은 상태입니다. 단순히 국어 학습뿐만 아니라 모든 과목을 학습할 때 이전에 들어봤던 단어인데도 단어와 뜻이 정확하게 이해되지 않아 어려움을 겪었던 경험이 있을 거예요. 이런 학생들은 국어 단어 공부를 위해 한자 공부는 필수입니다.

한자를 많이 아는 학생일수록 국어에 대한 이해도가 높습니다.
한자를 많이 알면 글을 읽을 때 대략적인 뜻을 유추해서 파악하는 능력이 생기거든요.

이 책 「한자를 알면 어휘가 보인다 - 기초한자 700」에서는 '가'~'하'까지, 한자능력검정시험 8급~3급까지 700자의 한자를 쓰면서 외울 수 있고, 700자의 한자 모두 획순을 그려 넣어서 쉽게 따라 쓸 수 있도록 편집했습니다. 그리고 중·고등학교 교과서에 나오는 565개의 한자 단어를 같이 연습할 수 있도록 구성했고, '음'과 '뜻'은 물론 단어들의 뜻풀이까지 적었기 때문에 쉽게 이해할 수 있습니다.

13일 동안 30분씩 한자 어휘에 도전해 보세요. 시작할 때와 달리 어려웠던 한자 단어들이 익숙해져 있는 자신을 보게 될 것입니다.

도서출판 큰그림 편집부

| 이 책을 보는 법 |

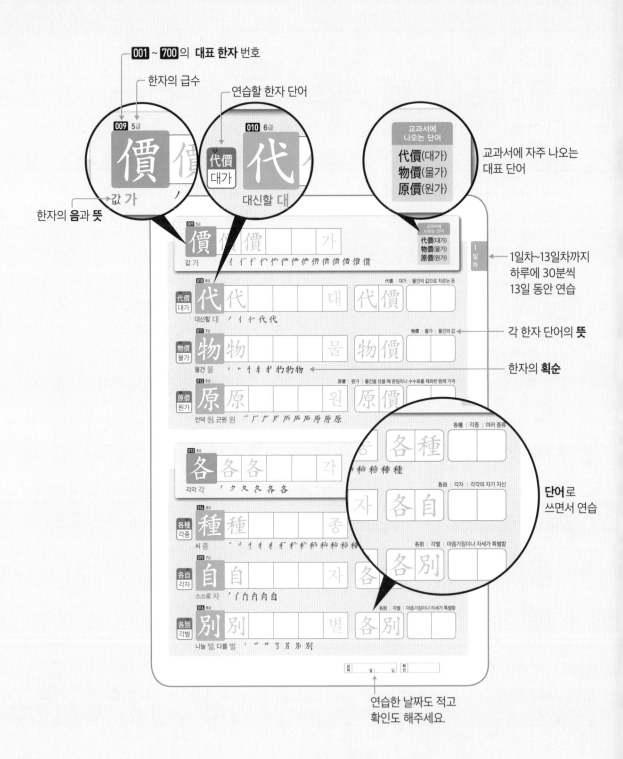

001 ~ 700의 **대표 한자** 번호

한자의 급수

연습할 한자 단어

교과서에 자주 나오는
대표 단어

한자의 음과 뜻

1일차~13일차까지
하루에 30분씩
13일 동안 연습

각 한자 단어의 **뜻**

한자의 **획순**

단어로
쓰면서 연습

연습한 날짜도 적고
확인도 해주세요.

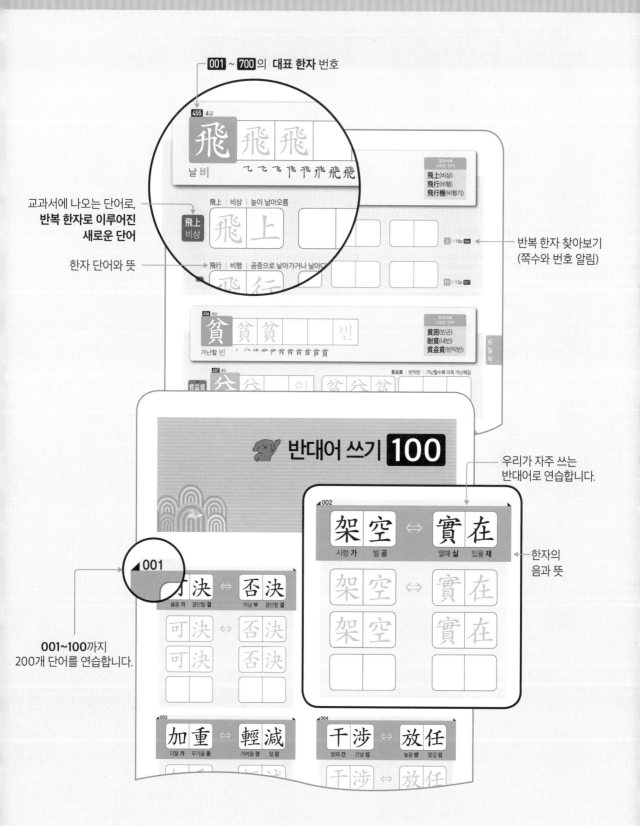

001 ~ 700의 대표 한자 번호

455 4급
飛 飛 飛
날 비　　ㄴ ㄴ ㄴ 飛 飛 飛

교과서에
나오는 단어
飛上(비상)
飛行(비행)
飛行機(비행기)

교과서에 나오는 단어로,
**반복 한자로 이루어진
새로운 단어**

飛上
비상

飛上 | 비상 | 높이 날아오름

飛 上

반복 한자 찾아보기
(쪽수와 번호 알림)

上 ⇒16p 066

한자 단어와 뜻

飛行 | 비행 | 공중으로 날아가거나 날아다

飛 行

行 ⇒13p 047

456 4급
貧 貧 貧　　　빈
가난할 빈　　ㅣ ㅣ ㅏ ㅏ ㅏ 分 分 貧 貧 貧 貧

교과서에
나오는 단어
貧困(빈곤)
耐貧(내빈)
貧益貧(빈익빈)

6
일
차

457 4급
貧益貧 分 分 　이 分 分 分

貧益貧 | 빈익빈 | 가난할수록 더욱 가난해짐

🐘 반대어 쓰기 100

우리가 자주 쓰는
반대어로 연습합니다.

▲002
架 空 ⇔ 實 在
시렁 가　빌 공　　열매 실　있을 재

한자의
음과 뜻

架 空 ⇔ 實 在
架 空　　　實 在

▲001
可 決 ⇔ 否 決
옳을 가　결단할 결　아닐 부　결단할 결

可 決 ⇔ 否 決
可 決　　　否 決

001~100까지
200개 단어를 연습합니다.

003
加 重 ⇔ 輕 減
더할 가　무거울 중　가벼울 경　덜 감

加 重 ⇔ 輕 減

004
干 涉 ⇔ 放 任
방패 간　건널 섭　놓을 방　맡길 임

干 涉 ⇔ 放 任

목차

기초 한자 쓰기 700 (한자 단어 565)

반대어 쓰기 100

기초 한자 쓰기 700
(한자 단어 565)

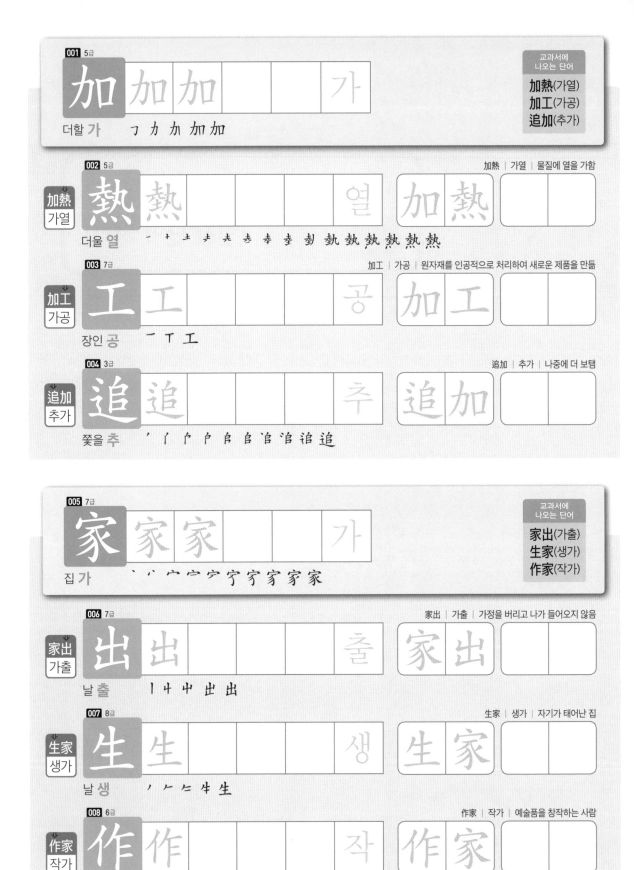

001 5급
加
加 加 ⬚ 가
더할 **가**　ㄱ カ カ 加 加

교과서에
나오는 단어
加熱(가열)
加工(가공)
追加(추가)

加熱
가열
002 5급
熱
熱 ⬚ ⬚ ⬚ 열
더울 **열**　一 十 土 ⼟ ⼟ 幸 幸 幸 剶 執 孰 孰 熱 熱

加熱 | 가열 | 물질에 열을 가함
加 熱 ⬚

加工
가공
003 7급
工
工 ⬚ ⬚ ⬚ 공
장인 **공**　一 丁 工

加工 | 가공 | 원자재를 인공적으로 처리하여 새로운 제품을 만듦
加 工 ⬚

追加
추가
004 3급
追
追 ⬚ ⬚ ⬚ 추
쫓을 **추**　ノ 丿 ㇒ ㇒ 自 自 自 自 追 追

追加 | 추가 | 나중에 더 보탬
追 加 ⬚

005 7급
家
家 家 ⬚ 가
집 **가**　㇒ ㇒ 宀 宀 宇 宇 宇 家 家 家

교과서에
나오는 단어
家出(가출)
生家(생가)
作家(작가)

家出
가출
006 7급
出
出 ⬚ ⬚ ⬚ 출
날 **출**　丨 丄 屮 出 出

家出 | 가출 | 가정을 버리고 나가 들어오지 않음
家 出 ⬚

生家
생가
007 8급
生
生 ⬚ ⬚ ⬚ 생
날 **생**　ノ ㇒ 一 牛 生

生家 | 생가 | 자기가 태어난 집
生 家 ⬚

作家
작가
008 6급
作
作 ⬚ ⬚ ⬚ 작
지을 **작**　ノ イ 仁 乍 作 作 作

作家 | 작가 | 예술품을 창작하는 사람
作 家 ⬚

009 5급

價

값 **가**　　ノ　亻　亻　亻　俨　俨　俨　俨　僧　僧　僧　價　價

교과서에 나오는 단어
代價(대가)
物價(물가)
原價(원가)

010 6급

代價 / 대가

代

대신할 **대**　　ノ　亻　亻　代　代

代價 | 대가 | 물건의 값으로 치르는 돈

011 7급

物價 / 물가

物

물건 **물**　　ノ　ㅗ　ㅓ　牛　半　牜　物　物

物價 | 물가 | 물건의 값

012 5급

原價 / 원가

原

언덕 **원**, 근원 **원**　　一　厂　厂　厂　盾　盾　盾　原　原　原

原價 | 원가 | 물건을 샀을 때 운임이나 수수료를 제외한 원래 가격

013 6급

各

각각 **각**　　ノ　ク　夂　夂　各　各

교과서에 나오는 단어
各種(각종)
各自(각자)
各別(각별)

014 5급

各種 / 각종

種

씨 **종**　　ノ　二　千　禾　禾　禾　秆　秆　秆　秆　稆　種　種

各種 | 각종 | 여러 종류

015 7급

各自 / 각자

自

스스로 **자**　　ノ　亻　自　自　自　自

各自 | 각자 | 각각의 자기 자신

016 6급

各別 / 각별

別

나눌 **별**, 다를 **별**　　ノ　口　口　马　另　別　別

各別 | 각별 | 마음가짐이나 자세가 특별함

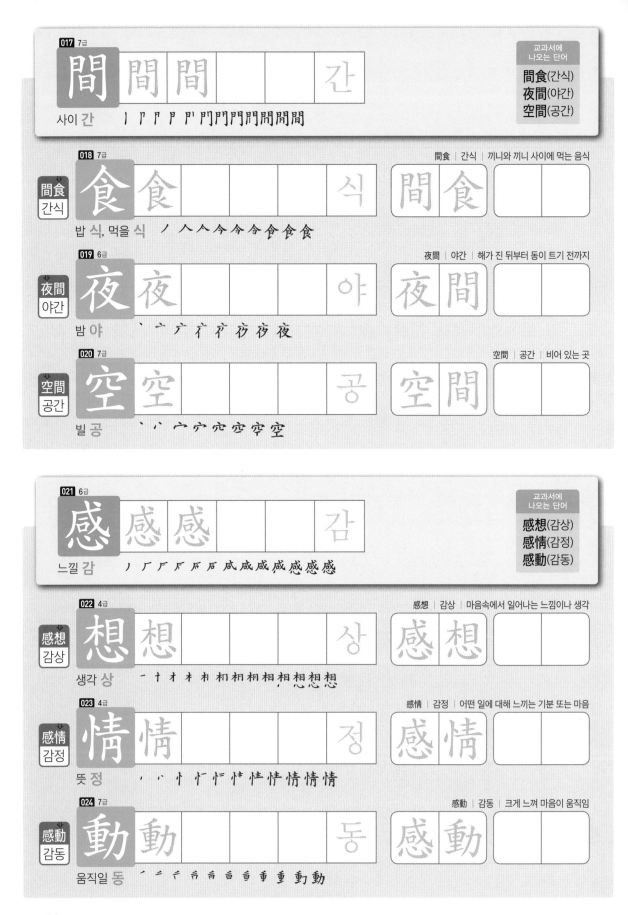

017 7급

間 間 間　　　　간

사이 간　　｜ 丨 丨’ 丨’ 丨’ 門 門 門 門 閂 間 間

교과서에 나오는 단어

間食(간식)
夜間(야간)
空間(공간)

018 7급

間食
간식

食 食　　　　　　식

밥 식, 먹을 식　　ノ 人 人 今 今 今 食 食 食

間食 | 간식 | 끼니와 끼니 사이에 먹는 음식

間 食

019 6급

夜間
야간

夜 夜　　　　　　야

밤 야　　丶 一 广 仒 亦 疒 夜 夜

夜間 | 야간 | 해가 진 뒤부터 동이 트기 전까지

夜 間

020 7급

空間
공간

空 空　　　　　　공

빌 공　　丶 ﹅ 宀 宀 空 空 空 空

空間 | 공간 | 비어 있는 곳

空 間

021 6급

感 感 感　　　　감

느낄 감　　ノ 厂 厂 厂 咸 咸 咸 咸 咸 感 感 感

교과서에 나오는 단어

感想(감상)
感情(감정)
感動(감동)

022 4급

感想
감상

想 想　　　　　　상

생각 상　　一 十 才 木 机 相 相 相 相 想 想 想

感想 | 감상 | 마음속에서 일어나는 느낌이나 생각

感 想

023 4급

感情
감정

情 情　　　　　　정

뜻 정　　丶 ﹅ 忄 忄 忄 忄 忄 情 情 情

感情 | 감정 | 어떤 일에 대해 느끼는 기분 또는 마음

感 情

024 7급

感動
감동

動 動　　　　　　동

움직일 동　　一 二 干 千 台 台 重 重 重 動 動

感動 | 감동 | 크게 느껴 마음이 움직임

感 動

025 7급

江 江 江　　　　강

강 강　　ㆍ ㆍ ㆍ氵 汀 江

江邊
강변

026 4급

邊 邊　　　　　변

가 변　ㆍ ㆍ 宀 甶 甶 甶 自 鼻 鼻 鼻 舁 舁 舁 舁 舁 邊 邊

江邊 | 강변 | 강의 가장자리에 접해 있는 땅

江 邊

江山
강산

027 8급

山 山　　　　　산

메 산　丨 山 山

江山 | 강산 | 강과 산, 자연의 경치

江 山

漢江
한강

028 7급

漢 漢　　　　　한

한수 한, 한나라 한　ㆍ ㆍ ㆍ氵 汁 汁 汁 汁 淸 淸 淸 漢 漢

漢江 | 한강 | 우리나라 중부를 흐르는 강

漢 江

---

029 5급

改 改 改　　　　개

고칠 개　フ フ 己 己 改 改 改

改善
개선

030 5급

善 善　　　　　선

착할 선　ㆍ ㆍ ㆍ丷 半 半 羊 羊 着 善 善 善

改善 | 개선 | 잘못을 고쳐 좋게 함

改 善

改革
개혁

031 4급

革 革　　　　　혁

가죽 혁　一 十 廿 廿 苎 苎 革 革 革

改革 | 개혁 | 제도, 기구 등을 새롭게 고침

改 革

改名
개명

032 7급

名 名　　　　　명

이름 명　丿 夕 夕 夕 名 名

改名 | 개명 | 이름을 고침

改 名

開 開 開 　 　 개

열 개 　ㅣ ㄺ ㄺ ㄺ 阝 門 門 門 門 閂 閂 開

---

034 3급
開催
개최

催 催 　 　 　 최

재촉할 최　ノ イ イ 亻 伫 伫 俨 俨 催 催 催 催 催

開催 | 개최 | 모임이나 회의 등을 주최하여 엶

開 催 　

---

035 6급
開業
개업

業 業 　 　 　 업

업 업　ㅣ �맡 ㅛ ㅛ ㅛ ㅛ 半 半 丵 丵 丵 業 業

開業 | 개업 | 영업을 처음 시작함

開 業 　

---

036 7급
開花
개화

花 花 　 　 　 화

꽃 화　一 十 ㅗ 艹 艹 艻 花 花

開花 | 개화 | 나무의 꽃이 핌

開 花 　

客 客 客 　 　 객

손 객　丶 亠 宀 宀 灾 宏 客 客 客

---

038 5급
觀客
관객

觀 觀 　 　 　 관

볼 관　丶 亠 ㅗ 莊 莊 莊 莊 苜 苜 苩 苩 萑 萑 雚 雚 雚 靪 靪 靪 靪 觀 觀

觀客 | 관객 | 공연, 영화 등을 보거나 듣는 사람

觀 客 　

---

039 8급
客室
객실

室 室 　 　 　 실

집 실　丶 亠 宀 宀 空 宕 室 室 室

客室 | 객실 | 손님을 접대할 수 있도록 정해 놓은 방

客 室 　

---

040 6급
客席
객석

席 席 　 　 　 석

자리 석　丶 亠 广 广 庐 庐 庐 庐 庐 席 席

客席 | 객석 | 손님이 앉는 자리

客 席

041 5급

去 去 去 　 　 거

갈 거 　 一 十 土 去 去

교과서에
나오는 단어
去來(거래)
過去(과거)
除去(제거)

042 7급

去來
거래

來 來 　 　 래

올 래(내) 　 一 ㄱ ㄱ ㄲ ㄲ 㐅 來 來 來

去來 | 거래 | 주고받음, 사고팖

去 來

043 5급

過去
과거

過 過 　 　 과

지날 과 　 丨 冂 冂 冎 咼 咼 咼 咼 渦 渦 渦 過

過去 | 과거 | 지나간 때

過 去

044 4급

除去
제거

除 除 　 　 제

덜 제 　 ' ㄱ ㅋ ㅸ ㅸ 阹 阼 阽 除 除

除去 | 제거 | 없애버림

除 去

045 5급

舉 舉 舉 　 　 거

들 거 　 ' ' ' ' 𠂉 𢁉 𢁉 𦥑 𦥑 𦥑 𦥑 𦥑 與 與 與 與 舉 舉

교과서에
나오는 단어
列舉(열거)
舉行(거행)
選舉(선거)

046 4급

列舉
열거

列 列 　 　 열

벌일 렬(열) 　 一 ㄱ ㄗ 歹 列 列

列舉 | 열거 | 여러 가지 사실이나 예를 낱낱이 늘어놓음

列 舉

047 6급

舉行
거행

行 行 　 　 행

다닐 행 　 ' ㇒ 彳 彳 行 行

舉行 | 거행 | 명령대로 시행함

舉 行

048 5급

選舉
선거

選 選 　 　 선

가릴 선 　 ' ' ' 巳 巴 巴 巴 㔾 㔾 㔾 腝 腢 巽 巽 巽 選 選

選舉 | 선거 | 조직이나 집단의 대표자나 임원을 뽑는 일

選 舉

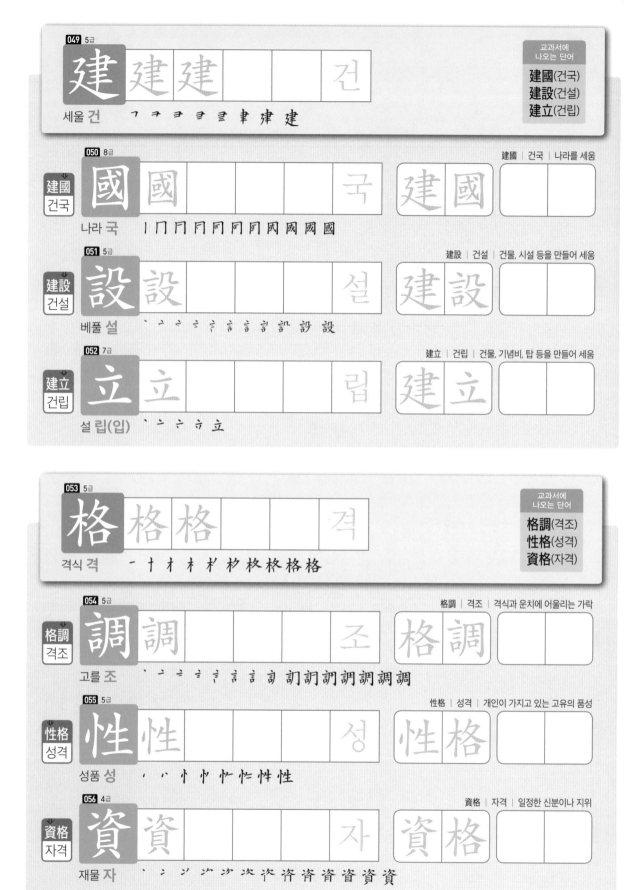

049 5급 建 建 建 　 　 건

세울 건

フ ⁊ ⁊ ⁊ ⁊ ⁊ ⁊ 聿 聿 建

교과서에 나오는 단어
建國(건국)
建設(건설)
建立(건립)

050 8급

建國 건국

國 國 　 　 　 　 국

나라 국

丨 冂 冂 冂 冂 同 同 國 國 國 國

建 國

建國 | 건국 | 나라를 세움

051 5급

建設 건설

設 設 　 　 　 　 설

베풀 설

丶 亠 亠 亖 言 言 言 訂 訳 設

建 設

建設 | 건설 | 건물, 시설 등을 만들어 세움

052 7급

建立 건립

立 立 　 　 　 　 립

설 립(입)

丶 亠 亡 立 立

建 立

建立 | 건립 | 건물, 기념비, 탑 등을 만들어 세움

053 5급 格 格 格 　 　 격

격식 격

一 十 才 木 木 杉 柊 柊 格 格

교과서에 나오는 단어
格調(격조)
性格(성격)
資格(자격)

054 5급

格調 격조

調 調 　 　 　 　 조

고를 조

丶 亠 亖 言 言 言 言 訂 訒 訒 調 調 調

格 調

格調 | 격조 | 격식과 운치에 어울리는 가락

055 5급

性格 성격

性 性 　 　 　 　 성

성품 성

丶 丷 忄 忄 忄 忙 忙 性 性

性 格

性格 | 성격 | 개인이 가지고 있는 고유의 품성

056 4급

資格 자격

資 資 　 　 　 　 자

재물 자

丶 亠 冫 次 次 次 資 資 資 資 資

資 格

資格 | 자격 | 일정한 신분이나 지위

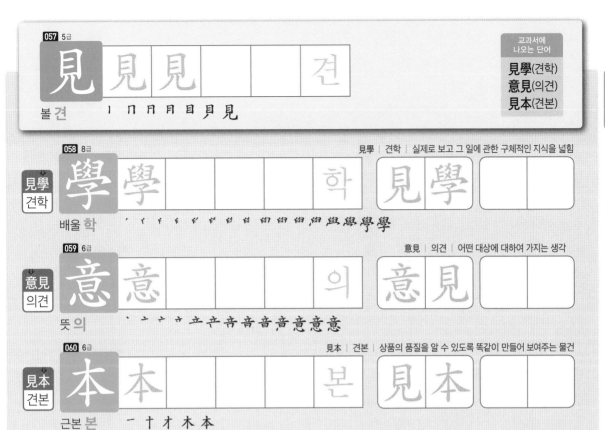

057 5급
見 見 見 　 　 견

볼 견　ㅣ ㄇ ㄇ 日 目 貝 見

見學 | 견학 | 실제로 보고 그 일에 관한 구체적인 지식을 넓힘

058 8급
見學
견학
學 學 　 　 　 학　見 學

배울 학　丶 ㄱ ㄣ ㄣ ㄣ ㄣ ㄣ ㄣ ㄟ 旣 旣 旣 郞 與 學 學

意見 | 의견 | 어떤 대상에 대하여 가지는 생각

059 6급
意見
의견
意 意 　 　 　 의　意 見

뜻 의　丶 ㅗ ㄗ 立 产 音 音 音 音 音 意 意

見本 | 견본 | 상품의 품질을 알 수 있도록 똑같이 만들어 보여주는 물건

060 6급
見本
견본
本 本 　 　 　 본　見 本

근본 본　一 十 才 木 本

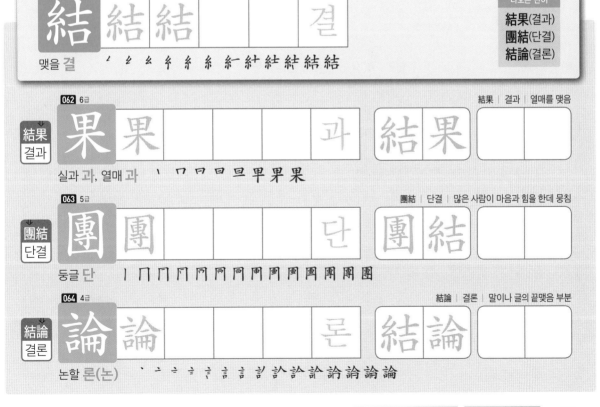

061 5급
結 結 結 　 　 결

맺을 결　ㄥ ㄠ ㄠ ㅅ ㄠ 糸 糸 紅 紅 紵 結 結 結

結果 | 결과 | 열매를 맺음

062 6급
結果
결과
果 果 　 　 　 과　結 果

실과 과, 열매 과　丶 ㄇ ㅁ 日 旦 甲 果 果

團結 | 단결 | 많은 사람이 마음과 힘을 한데 뭉침

063 5급
團結
단결
團 團 　 　 　 단　團 結

둥글 단　ㅣ ㄇ ㄇ ㄇ 同 同 同 團 團 團 團 團 團 團

結論 | 결론 | 말이나 글의 끝맺음 부분

064 4급
結論
결론
論 論 　 　 　 론　結 論

논할 론(논)　丶 二 ㅌ ㅌ 言 言 言 言 訡 訡 論 論 論 論 論

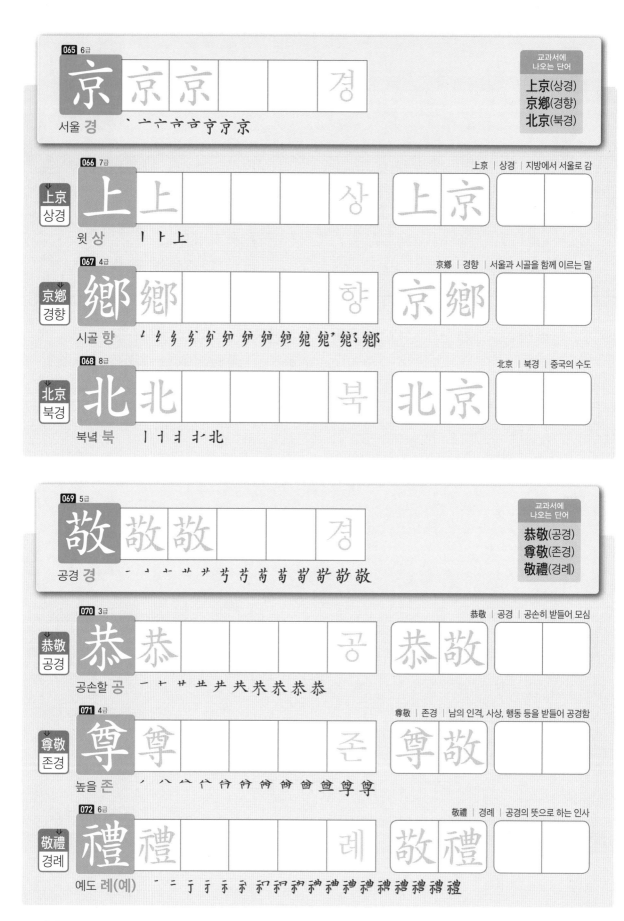

065 6급

京京京　　　경

교과서에
나오는 단어
上京(상경)
京鄕(경향)
北京(북경)

서울 경　　　丶 一 亠 亠 古 亨 亨 京

066 7급

上京
상경

上上　　　　상　　上京

윗 상　　　丨 卜 上

上京 │ 상경 │ 지방에서 서울로 감

067 4급

京鄕
경향

鄕鄕　　　　향　　京鄕

시골 향　　　丶 乡 乡 乡 乡 乡 乡 乡 乡 乡 乡 乡 鄕

京鄕 │ 경향 │ 서울과 시골을 함께 이르는 말

068 8급

北京
북경

北北　　　　북　　北京

북녘 북　　　丨 ㅓ ㅓ 北 北

北京 │ 북경 │ 중국의 수도

069 5급

敬敬敬　　　　경

교과서에
나오는 단어
恭敬(공경)
尊敬(존경)
敬禮(경례)

공경 경　　　一 一 十 艹 艹 芍 芍 苟 苟 苟 苟 敬 敬

070 3급

恭敬
공경

恭恭　　　　공　　恭敬

공손할 공　　　一 十 艹 艹 共 共 恭 恭 恭

恭敬 │ 공경 │ 공손히 받들어 모심

071 4급

尊敬
존경

尊尊　　　　존　　尊敬

높을 존　　　丷 八 丷 冇 冇 冇 酋 酋 酋 酋 尊 尊

尊敬 │ 존경 │ 남의 인격, 사상, 행동 등을 받들어 공경함

072 6급

敬禮
경례

禮禮　　　　례　　敬禮

예도 례(예)　　　丶 二 亍 亍 禾 禾 禮 禮 禮 禮 禮 禮 禮 禮 禮 禮 禮 禮

073 5급

輕 輕 輕　　　　　경

가벼울 **경**　ㄱ ㄱ ㄲ ㅋ 貝 車 車 車 斬 斬 輕 輕 輕

교과서에 나오는 단어
輕薄(경박)
輕油(경유)
輕量(경량)

---

074 3급
輕薄
경박

薄 薄　　　　　박

輕薄

엷을 **박**　ㅡ ㅛ ㅛ ㅛ 芦 芦 芦 芦 芦 芦 芦 蒲 蒲 蓮 薄 薄

輕薄 | 경박 | 말이나 행동이 신중하지 못하고 가벼움

---

075 6급
輕油
경유

油 油　　　　　유

輕油

기름 **유**　ㅡ ㅛ ㅜ ㅜ 沪 沪 油 油

輕油 | 경유 | 콜타르를 증류할 때 맨 처음 얻는 가장 가벼운 기름

---

076 5급
輕量
경량

量 量　　　　　량

輕量

헤아릴 **량(양)**　ㅣ ㅁ ㅁ 日 旦 무 昌 昌 昌 昌 量 量

輕量 | 경량 | 가벼운 무게

---

077 6급

界 界 界　　　　　계

지경 **계**　ㅣ ㅁ ㅁ 田 田 甲 界 界 界

교과서에 나오는 단어
限界(한계)
世界(세계)
政界(정계)

---

078 4급
限界
한계

限 限　　　　　한

限界

한할 **한**　ㄱ ㄱ ㅌ ㅌ 阝 阝 阝 限 限 限

限界 | 한계 | 능력, 책임이 실제 작용할 수 있는 범위

---

079 7급
世界
세계

世 世　　　　　세

世界

인간세, 대 **세**　ㅡ ㅜ ㅗ ㅛ 世 世

世界 | 세계 | 지구상의 모든 나라

---

080 4급
政界
정계

政 政　　　　　정

政界

정사 **정**　ㅡ ㅜ ㅜ 下 正 正 政 政 政

政界 | 정계 | 정치에 관련된 일에 종사하는 조직이나 개인의 활동 분야

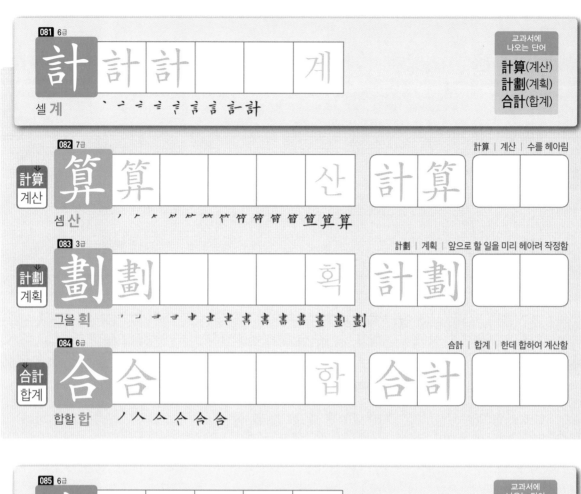

081 6급

計 計 計 | | 계

셀 계
丶 一 亠 亠 言 言 言 計

교과서에
나오는 단어
計算(계산)
計劃(계획)
合計(합계)

計算
계산
算 算 | | | 산
셈 산
丿 𥫗 𥫗 𥫗 𥫗 𥫗 𥫗 筲 筲 筲 筲 算 算

計算 | 계산 | 수를 헤아림
計算

計劃
계획
劃 劃 | | | 획
그을 획
丶 亠 一 亖 聿 聿 書 書 畵 畵 畵 畵 劃

計劃 | 계획 | 앞으로 할 일을 미리 헤아려 작정함
計劃

合計
합계
合 合 | | | 합
합할 합
丿 人 亼 合 合 合

合計 | 합계 | 한데 합하여 계산함
合計

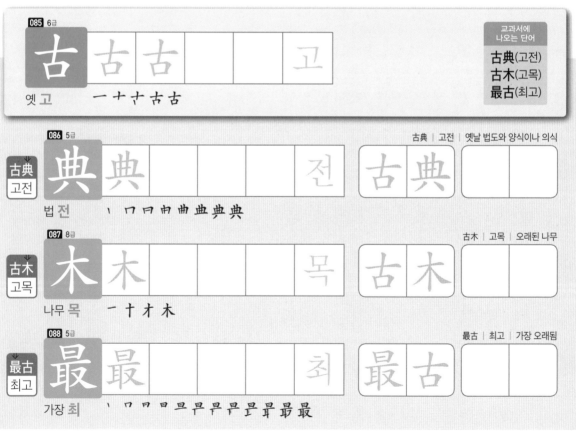

085 6급

古 古 古 | | 고

옛 고
一 十 古 古 古

교과서에
나오는 단어
古典(고전)
古木(고목)
最古(최고)

古典
고전
典 典 | | | 전
법 전
丨 口 曰 由 曲 曲 典 典

古典 | 고전 | 옛날 법도와 양식이나 의식
古典

古木
고목
木 木 | | | 목
나무 목
一 十 才 木

古木 | 고목 | 오래된 나무
古木

最古
최고
最 最 | | | 최
가장 최
丨 口 曰 日 旦 异 异 昌 异 最 最

最古 | 최고 | 가장 오래됨
最古

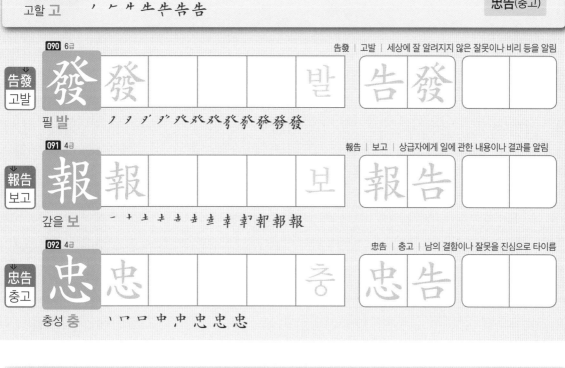

089 5급

告 고할 고

ノ ｒ �eg 生 生 告 告

교과서에 나오는 단어
告發(고발)
報告(보고)
忠告(충고)

090 6급

告發 고발

發 필발

ノ ㄱ ㄱˊ ㄱˊ 癶 癶 癶 孨 孨 孧 發 發

發 | 발

告發 | 고발 | 세상에 잘 알려지지 않은 잘못이나 비리 등을 알림

告發

091 4급

報告 보고

報 갚을 보

一 十 土 キ キ ㅎ ㅎ 幸 幸ˊ 郣 報 報

報 | 보

報告 | 보고 | 상급자에게 일에 관한 내용이나 결과를 알림

報告

092 4급

忠告 충고

忠 충성 충

丶 ㄇ ㅁ 中 虫 忠 忠 忠

忠 | 충

忠告 | 충고 | 남의 결함이나 잘못을 진심으로 타이름

忠告

093 6급

苦 쓸 고

一 ナ キ 艹 ㅙ 芊 芋 苦 苦

교과서에 나오는 단어
苦杯(고배)
苦心(고심)
苦痛(고통)

094 3급

苦杯 고배

杯 잔 배

一 十 ㅓ 木 ㅊ ㅊ 杯 杯

杯 | 배

苦杯 | 고배 | 쓴 술이 든 잔

苦杯

095 7급

苦心 고심

心 마음 심

丶 心 心 心

心 | 심

苦心 | 고심 | 몹시 애를 태우며 마음을 씀

苦心

096 4급

苦痛 고통

痛 아플 통

丶 一 广 广 广 扩 疒 疗 疗 病 病 病 痛

痛 | 통

苦痛 | 고통 | 몸이나 마음의 괴로움과 아픔

苦痛

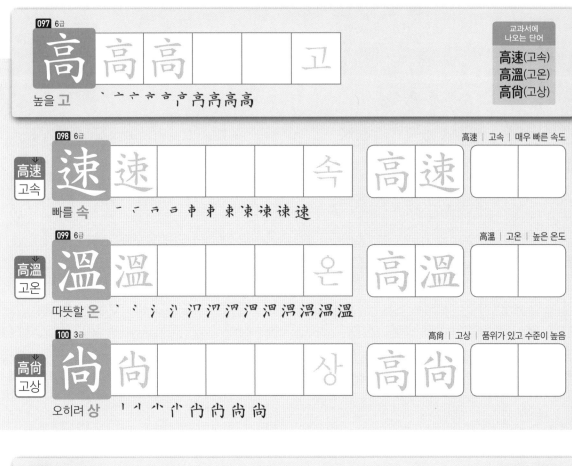

097 6급						교과서에 나오는 단어

高 高 高 　 　 고

높을 고 　 　 一 亠 亠 亠 咼 咼 高 高 高 高

高速(고속)
高溫(고온)
高尙(고상)

高速
고속

速 速 　 　 　 속

빠를 속 　 丶 一 一 一 戸 束 束 束 涑 涑 速

高速 | 고속 | 매우 빠른 속도

高速

高溫
고온

溫 溫 　 　 　 온

따뜻할 온 　 丶 丶 氵 氵 沪 沪 沪 沪 溫 溫 溫 溫

高溫 | 고온 | 높은 온도

高溫

高尙
고상

尙 尙 　 　 　 상

오히려 상 　 丨 丿 丷 丷 肖 肖 肖 尙

高尙 | 고상 | 품위가 있고 수준이 높음

高尙

101 5급						교과서에 나오는 단어

曲 曲 曲 　 　 곡

굽을 곡 　 丨 冂 日 由 曲 曲

曲流(곡류)
歌曲(가곡)
樂曲(악곡)

曲流
곡류

流 流 　 　 　 류

흐를 류(유) 　 丶 丶 氵 氵 浐 浐 浐 浐 流 流

曲流 | 곡류 | 물이 굽이쳐 흘러감

曲流

歌曲
가곡

歌 歌 　 　 　 가

노래 가 　 一 一 一 可 可 可 哥 哥 哥 歌 歌 歌

歌曲 | 가곡 | 우리나라 전통 성악곡의 하나

歌曲

樂曲
악곡

樂 樂 　 　 　 악

노래 악, 즐길 락(낙) 　 丿 丨 冇 冇 白 伯 铀 蝔 螂 蝢 樂 樂 樂

樂曲 | 악곡 | 음악의 곡조

樂曲

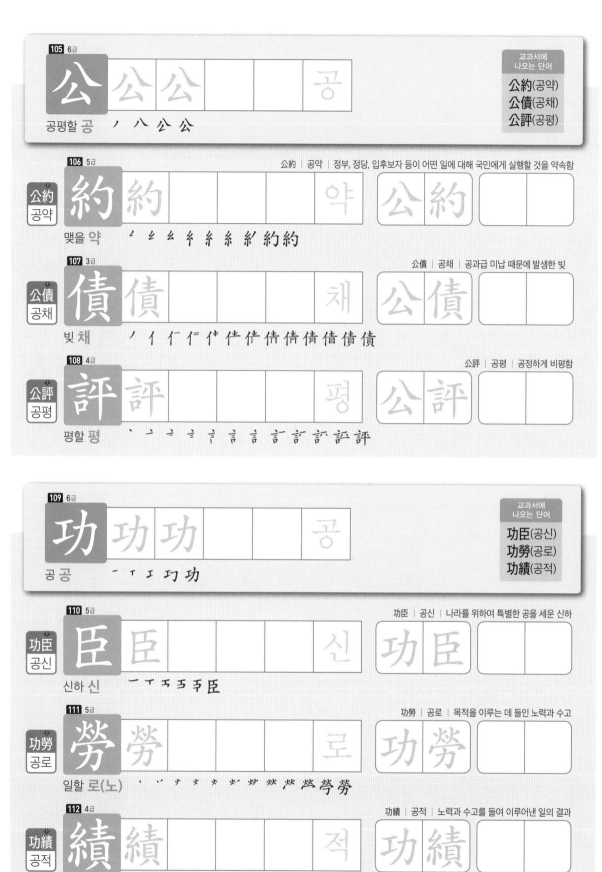

105 6급
公
공평할 공 丿 八 公 公

公 公 　 　 공

106 5급
公約
공약
約
맺을 약 ㄥ ㄠ ㅿ ㅿ 糸 糸 約 約 約

約 　 　 　 약

公約｜공약｜정부, 정당, 입후보자 등이 어떤 일에 대해 국민에게 실행할 것을 약속함

公約

107 3급
公債
공채
債
빚 채 丿 亻 伫 伫 倩 倩 倩 倩 債 債 債 債

債 　 　 　 채

公債｜공채｜공과급 미납 때문에 발생한 빚

公債

108 4급
公評
공평
評
평할 평 丶 ㄧ ㅑ 言 言 言 言 言 評 評 評

評 　 　 　 평

公評｜공평｜공정하게 비평함

公評

109 6급
功
공 공 ㄧ ㄱ エ 功 功

功 功 　 　 공

110 5급
功臣
공신
臣
신하 신 ㄧ 丅 王 王 王 臣

臣 　 　 　 신

功臣｜공신｜나라를 위하여 특별한 공을 세운 신하

功臣

111 5급
功勞
공로
勞
일할 로(노) 丶 丶 ㅛ 火 火 火 炒 炒 炒 炒 勞 勞

勞 　 　 　 로

功勞｜공로｜목적을 이루는 데 들인 노력과 수고

功勞

112 4급
功績
공적
績
길쌈할 적 ㄥ ㄠ ㅿ 糸 糸 糸 糸 絆 絆 績 績 績 績 績 績

績 　 　 　 적

功績｜공적｜노력과 수고를 들여 이루어낸 일의 결과

功績

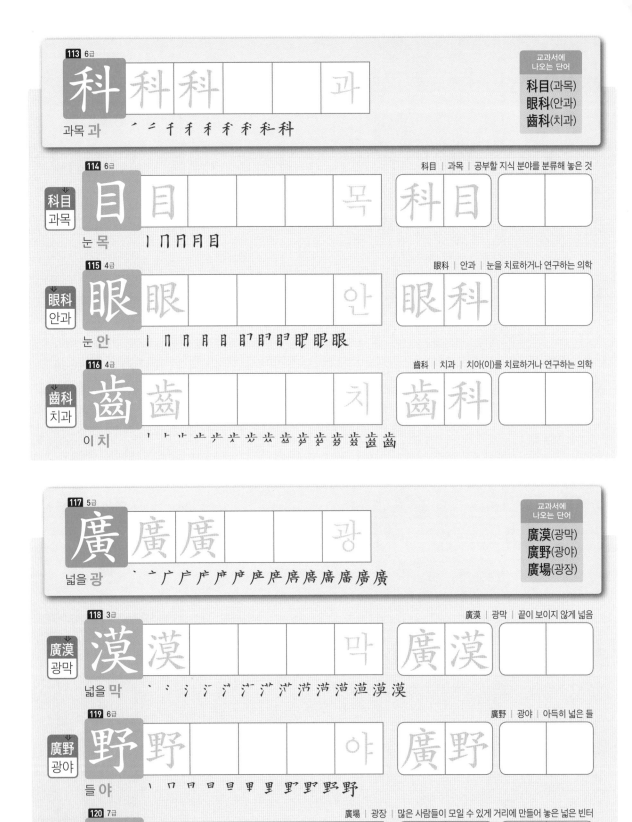

113 6급

科
과목 과

교과서에 나오는 단어
科目(과목)
眼科(안과)
齒科(치과)

科 科　　　과
′ 二 千 禾 禾 禾 禾 科 科

114 6급

科目
과목

目
눈 목

目　　　목
丨 冂 冂 月 目

科目 | 과목 | 공부할 지식 분야를 분류해 놓은 것

科 目

115 4급

眼科
안과

眼
눈 안

眼　　　안
丨 冂 冃 月 目 目¹ 目³ 目³ 眼 眼 眼

眼科 | 안과 | 눈을 치료하거나 연구하는 의학

眼 科

116 4급

齒科
치과

齒
이 치

齒　　　치
丨 ㅏ ㅑ 止 止 止 齿 齿 齿 齿 齿 齿 齒 齒

齒科 | 치과 | 치아(이)를 치료하거나 연구하는 의학

齒 科

117 5급

廣
넓을 광

교과서에 나오는 단어
廣漠(광막)
廣野(광야)
廣場(광장)

廣 廣　　　광
′ 宀 广 广 广 广 庐 庐 庐 庐 庐 庐 廣 廣

118 3급

廣漠
광막

漠
넓을 막

漠　　　막
′ ′ 氵 氵 沪 沪 消 消 消 消 漠 漠

廣漠 | 광막 | 끝이 보이지 않게 넓음

廣 漠

119 6급

廣野
광야

野
들 야

野　　　야
丨 冂 冂 日 旦 甲 里 野 野 野 野

廣野 | 광야 | 아득히 넓은 들

廣 野

120 7급

廣場
광장

場
마당 장

場　　　장
一 十 土 圹 坍 坍 坍 坍 場 場 場

廣場 | 광장 | 많은 사람들이 모일 수 있게 거리에 만들어 놓은 넓은 빈터

廣 場

121 6급

交

사귈 교

丶 亠 亠 六 亣 交

교

교과서에
나오는 단어

交友(교우)
交際(교제)
交換(교환)

122 5급

交友
교우

友

벗 우

一 ナ 方 友

우

交友

交友 | 교우 | 벗을 사귐

123 4급

交際
교제

際

즈음 제

' 阝 阝 阝 阡 阡 阡 阡 阡 阡 阡 隊 際

제

交際

交際 | 교제 | 서로 사귀어 가까이 지냄

124 3급

交換
교환

換

바꿀 환

一 扌 扌 扌 扩 拾 拾 扬 換 換 換

환

交換

交換 | 교환 | 서로 바꿈

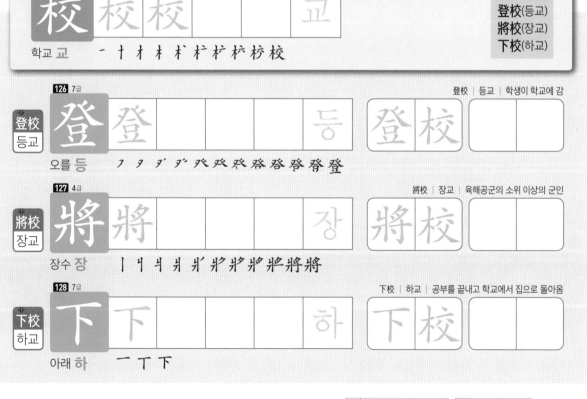

125 8급

校

학교 교

一 十 才 木 札 村 朽 村 柊 校

교

교과서에
나오는 단어

登校(등교)
將校(장교)
下校(하교)

126 7급

登校
등교

登

오를 등

フ ヲ ヲ 癶 癶 癶 癶 癶 癶 登 登

등

登校

登校 | 등교 | 학생이 학교에 감

127 4급

將校
장교

將

장수 장

丬 丬 丬 丬 丬 丬 丬 將 將

장

將校

將校 | 장교 | 육해공군의 소위 이상의 군인

128 7급

下校
하교

下

아래 하

一 丁 下

하

下校

下校 | 하교 | 공부를 끝내고 학교에서 집으로 돌아옴

教 教 教　　　　　교

가르칠 교　　ノ メ 乂 乎 予 考 考 考 孝 教 教

교과서에
나오는 단어

教師(교사)
教皇(교황)
佛教(불교)

---

130 4급

教師
교사

師 師　　　　　사

스승 사　　ノ ſ ſ ſ ſ ſ ſ 自 師 師 師

教師 │ 교사 │ 일정한 자격을 가지고 학생을 가르치는 사람

教師

---

131 3급

教皇
교황

皇 皇　　　　　황

임금 황　　ノ ſ ソ ⁄ 白 白 自 皇 皇 皇

教皇 │ 교황 │ 가톨릭교의 최고위 성직자

教皇

---

132 4급

佛教
불교

佛 佛　　　　　불

부처 불　　ノ ſ ſ ſ 佀 佛 佛

佛教 │ 불교 │ 석가모니가 창시한 종교

佛教

---

133 5급

橋 橋 橋　　　　　교

다리 교　　一 十 才 才 扩 扩 桥 梣 梣 梣 梣 橋 橋 橋 橋

교과서에
나오는 단어

橋脚(교각)
陸橋(육교)
鐵橋(철교)

---

134 3급

橋脚
교각

脚 脚　　　　　각

다리 각　　ノ 刀 月 月 肝 肝 胠 肤 肤 肤 脚

橋脚 │ 교각 │ 다리를 받치고 있는 기둥

橋脚

---

135 5급

陸橋
육교

陸 陸　　　　　육

뭍 륙(육)　　ノ ㄱ ß ß Ꮭ ß ß 陸 陸 陸 陸

陸橋 │ 육교 │ 도로나 철로 위로 사람들이 건널수 있도록 공중으로 건너질러 놓은 다리

陸橋

---

136 5급

鐵橋
철교

鐵 鐵　　　　　철

쇠 철　　ノ ノ 仝 午 车 牟 金 金 金 针 鈝 鈝 鍏 鍏 鍏 鐼 鐼 鐵 鐵 鐵

鐵橋 │ 철교 │ 철을 주재료로 하여 만든 다리

鐵橋

137 6급

區 區 區　　　　　구

교과서에 나오는 단어
區分(구분)
區域(구역)
鑛區(광구)

구분할 구　一 ㄱ 冂 呈 厚 屌 品 品 區 區

138 6급

區分
구분

分 分　　　　　분　　區 分

나눌 분　ノ 八 分 分

區分 | 구분 | 일정한 기준에 따라 전체를 몇 개로 갈라 나눔

139 4급

區域
구역

域 域　　　　　역　　區 域

지경 역　一 十 土 圢 圹 圹 圹 垣 域 域 域

區域 | 구역 | 갈라놓은 지역

140 4급

鑛區
광구

鑛 鑛　　　　　광　　鑛 區

쇳돌 광　ノ ㄧ ㄠ ㄐ 牟 牟 余 金 金 金' 鈩 鈩 鈩 鈩 鈩 鈩 鑛 鑛 鑛 鑛 鑛 鑛

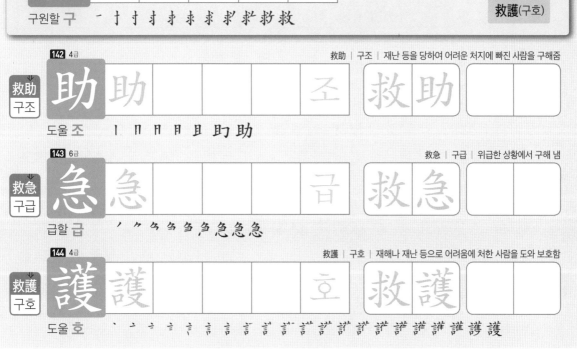

141 5급

救 救 救　　　　　구

교과서에 나오는 단어
救助(구조)
救急(구급)
救護(구호)

구원할 구　一 十 十 十 才 才 求 求 求 求 救 救

142 4급

救助
구조

助 助　　　　　조　　救 助

도울 조　｜ 冂 月 月 且 助 助

救助 | 구조 | 재난 등을 당하여 어려운 처지에 빠진 사람을 구해줌

143 6급

救急
구급

急 急　　　　　급　　救 急

급할 급　ノ ク ⺈ 夕 刍 刍 急 急 急

救急 | 구급 | 위급한 상황에서 구해 냄

144 4급

救護
구호

護 護　　　　　호　　救 護

도울 호　丶 亠 ⺀ 言 言 言 言 訁 訁 訐 護 護 護 護 護 護 護 護 護 護

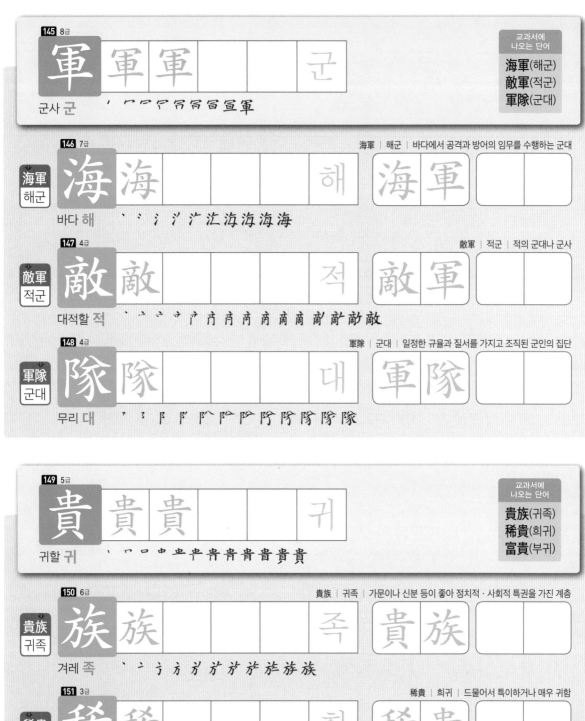

145 8급

軍　軍　軍　　　　군

군사 군　　丶 冖 冖 冖 宁 写 写 宣 軍

146 7급　海軍/해군

海　海　　　　　해

바다 해　　丶 亠 氵 汀 汀 海 海 海 海

海軍 | 해군 | 바다에서 공격과 방어의 임무를 수행하는 군대

海軍

147 4급　敵軍/적군

敵　敵　　　　　적

대적할 적　　丶 亠 立 产 产 育 育 育 商 商 商 敵 敵 敵

敵軍 | 적군 | 적의 군대나 군사

敵軍

148 4급　軍隊/군대

隊　隊　　　　　대

무리 대　　丨 阝 阝 阝 阝 阡 阡 阡 隊 隊 隊 隊

軍隊 | 군대 | 일정한 규율과 질서를 가지고 조직된 군인의 집단

軍隊

149 5급

貴　貴　貴　　　　귀

귀할 귀　　丶 口 口 中 虫 虫 串 串 串 畫 貴 貴

150 6급　貴族/귀족

族　族　　　　　족

겨레 족　　丶 亠 方 方 方 扩 扩 扩 族 族 族

貴族 | 귀족 | 가문이나 신분 등이 좋아 정치적·사회적 특권을 가진 계층

貴族

151 3급　稀貴/희귀

稀　稀　　　　　희

드물 희　　丿 二 千 千 禾 禾 利 秒 秒 稀 稀 稀

稀貴 | 희귀 | 드물어서 특이하거나 매우 귀함

稀貴

152 4급　富貴/부귀

富　富　　　　　부

부유할 부　　丶 丷 宀 宀 宁 启 启 官 富 冨 富 富

富貴 | 부귀 | 재산이 많고 신분이 높음

富貴

26

153 6급						교과서에 나오는 단어
近	近	近			근	親近(친근) 接近(접근) 遠近(원근)

가까울 근   ´ ┌ ┌ 斤 斤 沂 沂 近 近

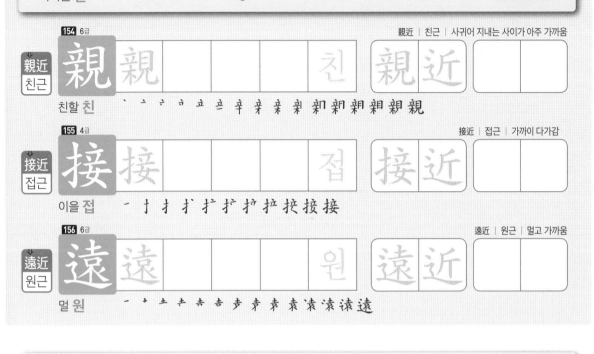

親近
친근

親近 │ 친근 │ 사귀어 지내는 사이가 아주 가까움

| 親 | 親 | | | | 친 | 親 近 | |

친할 친   ` ㅗ ㅗ ㅎ 효 효 辛 亲 亲 親 新 新 親 親 親

接近
접근

接近 │ 접근 │ 가까이 다가감

| 接 | 接 | | | | 접 | 接 近 | |

이을 접   ´ ┼ 扌 扌 扩 护 护 拉 接 接 接

遠近
원근

遠近 │ 원근 │ 멀고 가까움

| 遠 | 遠 | | | | 원 | 遠 近 | |

멀 원   一 十 土 丰 吉 吉 幸 岁 幸 袁 袁 `遠 遠 遠 遠

157 6급						교과서에 나오는 단어
根	根	根			근	根幹(근간) 毛根(모근) 禍根(화근)

뿌리 근   一 十 十 木 村 村 桿 桿 根 根

根幹
근간

根幹 │ 근간 │ 뿌리와 줄기를 함께 이르는 말

| 幹 | 幹 | | | | 간 | 根 幹 | |

줄기 간   一 十 古 古 古 卓 卓 卓 朝 幹 幹 幹 幹 幹

毛根
모근

毛根 │ 모근 │ 털이 피부에 박힌 부분

| 毛 | 毛 | | | | 모 | 毛 根 | |

터럭 모   ´ 二 三 毛

禍根
화근

禍根 │ 화근 │ 재앙의 근원

| 禍 | 禍 | | | | 화 | 禍 根 | |

재앙 화   ` 二 丁 示 示 衤 衤 衤 稲 稲 禍 禍 禍

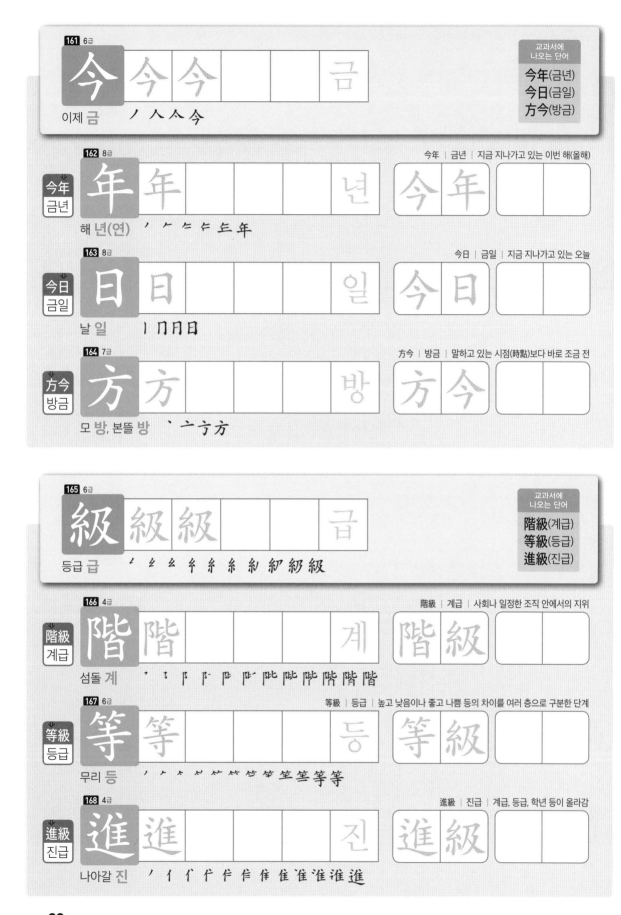

161 6급

今 今 今 금

이제 **금** 丿 人 亼 今

교과서에 나오는 단어
今年(금년)
今日(금일)
方今(방금)

162 8급

今年 금년

年 年 년

해 **년(연)** 丿 𠂉 ⺧ 𠂒 乍 年

今年 | 금년 | 지금 지나가고 있는 이번 해(올해)

今 年

163 8급

今日 금일

日 日 일

날 **일** 丨 冂 月 日

今日 | 금일 | 지금 지나가고 있는 오늘

今 日

164 7급

方今 방금

方 方 방

모 **방**, 본뜰 **방** 丶 亠 亐 方

方今 | 방금 | 말하고 있는 시점(時點)보다 바로 조금 전

方 今

165 6급

級 級 級 급

등급 **급** 乙 幺 幺 糸 糸 糸 糿 級 級 級

교과서에 나오는 단어
階級(계급)
等級(등급)
進級(진급)

166 4급

階級 계급

階 階 계

섬돌 **계** 阝 阝 阝 阝 阝 阝 阝 阝 阝 階 階 階

階級 | 계급 | 사회나 일정한 조직 안에서의 지위

階 級

167 6급

等級 등급

等 等 등

무리 **등** 丿 𠂉 𥫗 竹 竹 竹 笁 笁 笙 笙 等 等

等級 | 등급 | 높고 낮음이나 좋고 나쁨 등의 차이를 여러 층으로 구분한 단계

等 級

168 4급

進級 진급

進 進 진

나아갈 **진** 丿 亻 亻 亻 亻 亻 亻 隹 隹 隹 淮 進

進級 | 진급 | 계급, 등급, 학년 등이 올라감

進 級

169 5급

給 | 給 | 給 | | | 급

교과서에
나오는 단어
收給(수급)
還給(환급)
供給(공급)

줄 급   ⺌ ⺌ ⺈ ⺈ 幺 糸 糸 給 給 給 給 給

---

170 4급

收給
수급

收 | 收 | | | 수

收給 | 수급 | 수입과 지급을 함께 이르는 말

收給

거둘 수   ⺊ ⺘ ⺘ ⺘ 收 收

---

171 3급

還給
환급

還 | 還 | | | 환

還給 | 환급 | 다시 돌려줌

還給

돌아올 환, 돌 선   ⼂ ⼞ 罒 罒 罒 罒 罒 罗 罗 罗 罢 罢 罩 還 還

---

172 3급

供給
공급

供 | 供 | | | 공

供給 | 공급 | 요구나 필요에 따라 물품 등을 제공함

供給

이바지할 공   ⼃ ⼂ ⼂ ⼂ 供 供 供 供

---

173 7급

記 | 記 | 記 | | | 기

교과서에
나오는 단어
表記(표기)
書記(서기)
筆記(필기)

기록할 기   ⼂ ⼂ ⼂ ⼂ 言 言 記 記 記

---

174 6급

表記
표기

表 | 表 | | | 표

表記 | 표기 | 적어서 나타냄

表記

겉 표, 시계 표   ⼀ ⼆ ⼛ ⺦ ⺦ ⺹ ⺹ 表

---

175 6급

書記
서기

書 | 書 | | | 서

書記 | 서기 | 단체나 회의에서 문서나 기록 등을 맡아보는 사람

書記

글 서   ⺻ ⺻ ⺻ ⺻ 書 書 書 書 書 書

---

176 5급

筆記
필기

筆 | 筆 | | | 필

筆記 | 필기 | 글씨를 씀

筆記

붓 필   ⼃ ⼃ ⺮ ⺮ ⺮ 筆 筆 筆 筆 筆 筆 筆

177 5급

基 基 基 □ □ 기

터 **기**　一 十 卄 甘 甘 甘 其 其 其 基 基

교과서에
나오는 단어
基礎(기초)
基盤(기반)
基點(기점)

基礎
기초

178 3급　　基礎 | 기초 | 사물이나 일 등의 기본이 되는 것

礎 礎 □ □ □ 초 基 礎 □

주춧돌 **초**　一 丁 丁 五 石 石 矿 砂 砂 砂 碰 碰 碰 碰 礎 礎

基盤
기반

179 3급　　基盤 | 기반 | 기초가 되는 바탕

盤 盤 □ □ □ 반 基 盤 □

소반 **반**　′ 丿 力 力 舟 舟 舟 般 般 般 般 盤 盤

基點
기점

180 4급　　基點 | 기점 | 기본이 되는 점 또는 곳

點 點 □ □ □ 점 基 點 □

점 **점**, 시들 **다**　丶 丨 口 曱 曰 旦 甲 里 里 黑 黑 黑 黑 點 點 點 點

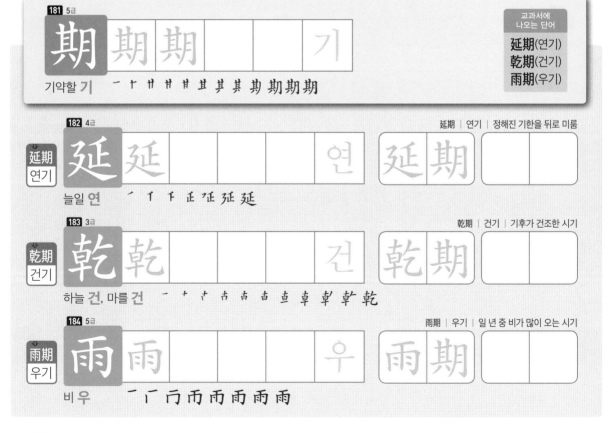

181 5급

期 期 期 □ □ 기

기약할 **기**　一 十 卄 甘 甘 甘 其 其 期 期 期 期

교과서에
나오는 단어
延期(연기)
乾期(건기)
雨期(우기)

延期
연기

182 4급　　延期 | 연기 | 정해진 기한을 뒤로 미룸

延 延 □ □ □ 연 延 期 □

늘일 **연**　′ 丿 千 币 正 延 延 延

乾期
건기

183 3급　　乾期 | 건기 | 기후가 건조한 시기

乾 乾 □ □ □ 건 乾 期 □

하늘 **건**, 마를 **건**　一 十 十 古 古 古 直 卓 卓 卓 乾 乾

雨期
우기

184 5급　　雨期 | 우기 | 일 년 중 비가 많이 오는 시기

雨 雨 □ □ □ 우 雨 期 □

비 **우**　一 冂 冂 币 币 雨 雨 雨

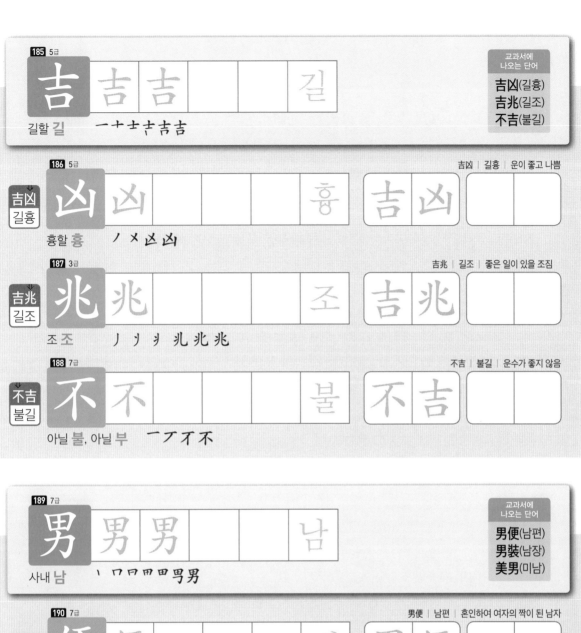

185 5급

吉 吉 吉 　 　 길

교과서에 나오는 단어
吉凶(길흉)
吉兆(길조)
不吉(불길)

길할 **길**　一十士吉吉吉

186 5급

吉凶
길흉

凶 凶 　 　 흉　吉 凶

吉凶 | 길흉 | 운이 좋고 나쁨

흉할 **흉**　ノメ区凶

187 3급

吉兆
길조

兆 兆 　 　 조　吉 兆

吉兆 | 길조 | 좋은 일이 있을 조짐

조 **조**　ノノ기北兆兆

188 7급

不吉
불길

不 不 　 　 불　不 吉

不吉 | 불길 | 운수가 좋지 않음

아닐 **불**, 아닐 **부**　一ブオ不

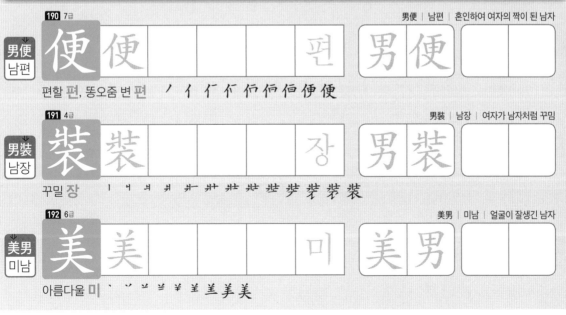

189 7급

男 男 男 　 　 남

교과서에 나오는 단어
男便(남편)
男裝(남장)
美男(미남)

사내 **남**　丨口曰田田男男

190 7급

男便
남편

便 便 　 　 편　男 便

男便 | 남편 | 혼인하여 여자의 짝이 된 남자

편할 **편**, 똥오줌 변 **편**　ノイイ仁仴佰佰便便

191 4급

男裝
남장

裝 裝 　 　 장　男 裝

男裝 | 남장 | 여자가 남자처럼 꾸밈

꾸밀 **장**　丨丬爿爿扩扩壯壯娤娤娤裝

192 6급

美男
미남

美 美 　 　 미　美 男

美男 | 미남 | 얼굴이 잘생긴 남자

아름다울 **미**　丶丷쓰쓰半羊美美美

날짜　월　일　확인

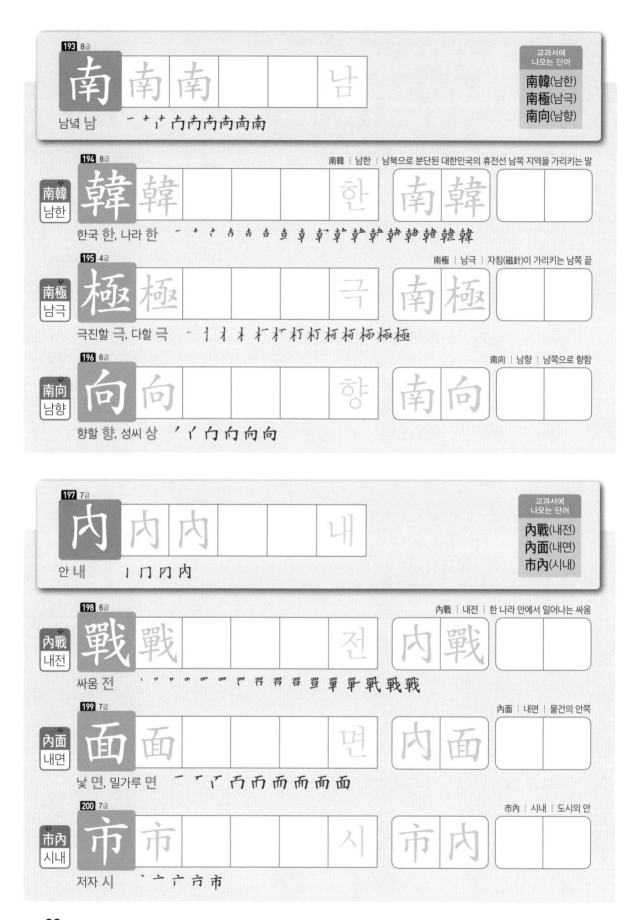

193 8급
南

남녘 **남**　一 十 十 内 内 内 南 南 南

교과서에 나오는 단어
南韓(남한)
南極(남극)
南向(남향)

194 8급
南韓
남한

韓

南韓 | 남한 | 남북으로 분단된 대한민국의 휴전선 남쪽 지역을 가리키는 말

한국 **한**, 나라 **한**　一 十 十 古 古 古 늘 卓 卓 朝 朝 朝 韓 韓 韓 韓 韓

195 4급
南極
남극

極

南極 | 남극 | 자침(磁針)이 가리키는 남쪽 끝

극진할 **극**, 다할 **극**　一 十 才 木 木 杧 杧 杧 柯 柯 極 極 極

196 6급
南向
남향

向

南向 | 남향 | 남쪽으로 향함

향할 **향**, 성씨 **상**　ノ イ 竹 向 向 向

197 7급
內

안 **내**　1 门 门 内

교과서에 나오는 단어
內戰(내전)
內面(내면)
市內(시내)

198 6급
內戰
내전

戰

內戰 | 내전 | 한 나라 안에서 일어나는 싸움

싸움 **전**　丶 ゛ ゛ ゛ ゛ 严 严 严 冒 冒 單 單 戰 戰 戰

199 7급
內面
내면

面

內面 | 내면 | 물건의 안쪽

낯 **면**, 밀가루 **면**　一 ア ア 币 而 而 面 面

200 7급
市內
시내

市

市內 | 시내 | 도시의 안

저자 **시**　丶 一 广 宁 市

32

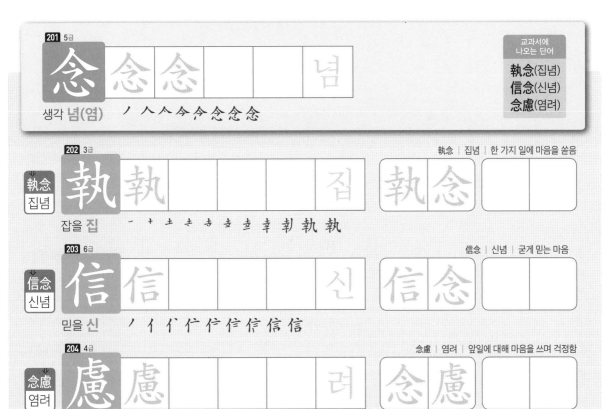

201 5급

念 念 念 　　　　　 념

생각 념(염)　　ノ 人 人 今 今 念 念 念

교과서에 나오는 단어
執念(집념)
信念(신념)
念慮(염려)

202 3급

執念
집념

執 執 　　　　　　 집

잡을 집　　一 十 土 ㅗ 去 去 幸 幸 幸 執 執

執念 | 집념 | 한 가지 일에 마음을 쏟음

執 念

203 6급

信念
신념

信 信 　　　　　　 신

믿을 신　　ノ イ イ 什 信 信 信 信 信

信念 | 신념 | 굳게 믿는 마음

信 念

204 4급

念慮
염려

慮 慮 　　　　　　 려

생각할 려(여)　　丶 ㅗ ㅏ 广 广 广 虍 虍 虍 虏 虏 虜 慮 慮 慮

念慮 | 염려 | 앞일에 대해 마음을 쓰며 걱정함

念 慮

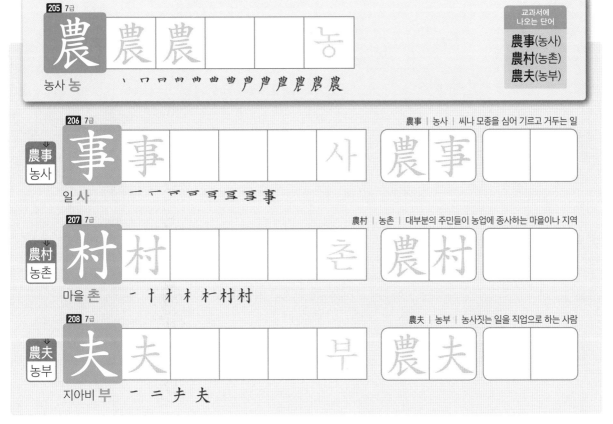

205 7급

農 農 農 　　　　 농

농사 농　　丶 口 曰 曲 曲 曲 曲 严 芦 芦 農 農 農

교과서에 나오는 단어
農事(농사)
農村(농촌)
農夫(농부)

206 7급

農事
농사

事 事 　　　　　　 사

일 사　　一 一 一 三 戸 亘 亘 亘 事

農事 | 농사 | 씨나 모종을 심어 기르고 거두는 일

農 事

207 7급

農村
농촌

村 村 　　　　　　 촌

마을 촌　　一 十 才 木 杧 村 村

農村 | 농촌 | 대부분의 주민들이 농업에 종사하는 마을이나 지역

農 村

208 7급

農夫
농부

夫 夫 　　　　　　 부

지아비 부　　一 二 夫 夫

農夫 | 농부 | 농사짓는 일을 직업으로 하는 사람

農 夫

209 5급

能 能 能　　　능

능할 능, 견딜 내　ㄙ ㄙ ㅅ 今 育 育 育 能 能 能

교과서에
나오는 단어

能力(능력)
效能(효능)
才能(재능)

---

210 7급

能力
능력

力 力　　　　력

힘 력(역)　フ 力

能力 | 능력 | 일을 감당해 낼 수 있는 힘

能 力

---

211 5급

效能
효능

效 效　　　　효

본받을 효　 丶 亠 亠 六 方 交 刻 坆 效 效

效能 | 효능 | 좋은 결과를 나타내는 능력

效 能

---

212 6급

才能
재능

才 才　　　　재

재주 재　一 十 才

才能 | 재능 | 어떤 일을 하는 데 필요한 재주와 능력

才 能

---

213 6급

多 多 多　　　다

많을 다　ノ ク タ タ 多 多

교과서에
나오는 단어

多數(다수)
多福(다복)
多樣(다양)

---

214 7급

多數
다수

數 數　　　　수

셈 수　丶 口 曰 曰 曰 肙 曰 曲 婁 婁 婁 數 數 數

多數 | 다수 | 수효가 많음

多 數

---

215 5급

多福
다복

福 福　　　　복

복 복　丶 亠 亍 亓 示 示 和 和 和 福 福 福 福

多福 | 다복 | 복이 많음

多 福

---

216 4급

多樣
다양

樣 樣　　　　양

모양 양　一 十 才 木 杧 杧 栏 栏 栏 栏 样 様 様 様

多樣 | 다양 | 여러 가지 모양이나 양식

多 樣

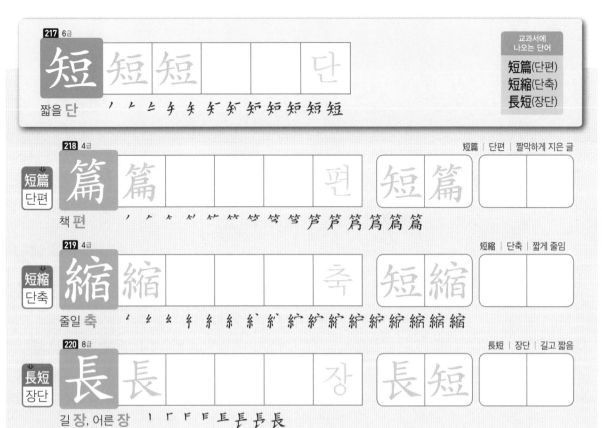

3
일
차

217 6급

短 短 短　　　　단

교과서에
나오는 단어

短篇(단편)
短縮(단축)
長短(장단)

짧을 단　ノ ノ ヒ 午 矢 矢 知 知 知 短 短

218 4급

短篇
단편

篇 篇　　　　　편　短 篇

短篇 | 단편 | 짤막하게 지은 글

책 편　ノ ノ ケ ゲ ゲ 竺 竺 竺 竺 竺 笋 笋 篤 篇 篇

219 4급

短縮
단축

縮 縮　　　　　축　短 縮

短縮 | 단축 | 짧게 줄임

줄일 축　ㄥ ㄥ ㄠ 幺 糸 糸 糸 糸 紣 紵 紵 紵 縋 縮 縮 縮

220 8급

長短
장단

長 長　　　　　장　長 短

長短 | 장단 | 길고 짧음

길 장, 어른 장　l ㄏ ㄈ ㅌ 튼 튼 長 長

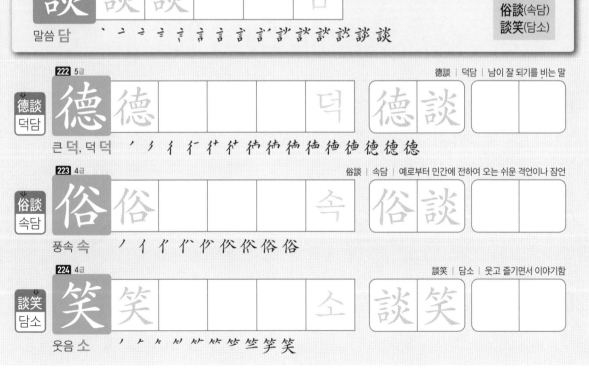

221 5급

談 談 談　　　　담

교과서에
나오는 단어

德談(덕담)
俗談(속담)
談笑(담소)

말씀 담　ヽ ヽ ニ 宁 글 言 言 言 訁 訟 訟 談 談 談 談

222 5급

德談
덕담

德 德　　　　　덕　德 談

德談 | 덕담 | 남이 잘 되기를 비는 말

큰 덕, 덕 덕　ノ ク 彳 彳 行 衧 衧 徝 徝 悳 悳 德 德

223 4급

俗談
속담

俗 俗　　　　　속　俗 談

俗談 | 속담 | 예로부터 민간에 전하여 오는 쉬운 격언이나 잠언

풍속 속　ノ イ 亻 伙 伙 份 俗 俗

224 4급

談笑
담소

笑 笑　　　　　소　談 笑

談笑 | 담소 | 웃고 즐기면서 이야기함

웃음 소　ノ ノ ゲ 竺 竺 竺 竺 笑 笑

225 7급

答 答 答　　　답

대답 답　ノ ト ト ゲ ゲ ゲ ゲ 笊 筘 笭 答 答

교과서에 나오는 단어

解答(해답)
對答(대답)
應答(응답)

解答
해답

226 4급

解 解　　　해

풀 해　ノ ケ ゲ 角 角 角 角 角 觧 觧 觧 解 解

解答 | 해답 | 질문이나 의문을 풀이함

解答

對答
대답

227 6급

對 對　　　대

대할 대　ヽ ヽ ヽ 丬 丬 丬 丵 丵 丵 丵 堂 堂 對 對

對答 | 대답 | 부르는 말에 응하여 어떤 말을 함

對答

應答
응답

228 4급

應 應　　　응

응할 응　ヽ ヽ 广 广 广 庐 庐 庐 庐 庐 庐 應 應 應 應 應

應答 | 응답 | 부름이나 물음에 응하여 답함

應答

---

229 6급

堂 堂 堂　　　당

집 당　ヽ ヽ ヽ 丷 丷 丛 丛 常 常 堂 堂 堂

교과서에 나오는 단어

法堂(법당)
聖堂(성당)
講堂(강당)

法堂
법당

230 5급

法 法　　　법

법 법　ヽ ヽ 氵 氵 汁 注 法 法

法堂 | 법당 | 불상을 안치하고 설법도 하는 절의 정당

法堂

聖堂
성당

231 4급

聖 聖　　　성

성인 성　一 丆 丆 耳 耳 耳 耶 耶 耶 聖 聖 聖

聖堂 | 성당 | 천주교의 종교 의식이 행해지는 집

聖堂

講堂
강당

232 4급

講 講　　　강

강론할 강, 얽을 구　ヽ ヽ 亠 言 言 言 言 訁 計 計 講 講 講 講 講 講

講堂 | 강당 | 강연이나 강의를 할 때 쓰는 건물

講堂

36

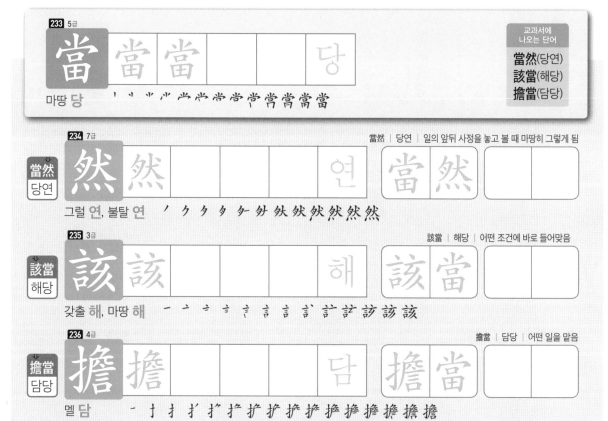

233 5급

當 當 當　　　　당

마땅 **당**　丨 丿 丷 ⺍ ⺌ 爫 常 常 常 常 當 當

교과서에
나오는 단어

當然(당연)
該當(해당)
擔當(담당)

234 7급

當然
당연

然 然　　　　연　當 然

當然 │ 당연 │ 일의 앞뒤 사정을 놓고 볼 때 마땅히 그렇게 됨

그럴 **연**, 불탈 **연**　丿 ク タ タ 夕 夕 夗 然 然 然 然 然

235 3급

該當
해당

該 該　　　　해　該 當

該當 │ 해당 │ 어떤 조건에 바로 들어맞음

갖출 **해**, 마땅 **해**　一 亠 亠 亖 言 言 言 訂 訪 該 該 該

236 4급

擔當
담당

擔 擔　　　　담　擔 當

擔當 │ 담당 │ 어떤 일을 맡음

멜 **담**　一 扌 扌 扌 扩 扩 扩 护 押 押 捵 捵 擔 擔 擔

3
일
차

237 8급

大 大 大　　　　대

클 대, 큰 대　一 ナ 大

교과서에
나오는 단어

大形(대형)
大敗(대패)
大略(대략)

238 6급

大形
대형

形 形　　　　형　大 形

大形 │ 대형 │ 사물의 큰 형체

모양 **형**　一 二 三 开 形 形 形

239 5급

大敗
대패

敗 敗　　　　패　大 敗

大敗 │ 대패 │ 경기나 싸움에 크게 짐

패할 **패**　丨 冂 冂 月 目 貝 貝 貝 敗 敗 敗

240 4급

大略
대략

略 略　　　　략　大 略

大略 │ 대략 │ 큰 모략(謀略)

간략할 **략(약)**, 다스릴 **략(약)**　丨 冂 冂 田 田 田 畋 畋 略 略

241 6급

待 待 待 　 대

기다릴 대　'ノ彳彳彳彳往往待待

교과서에 나오는 단어

待避(대피)
待望(대망)
冷待(냉대)

242 4급

待避 대피

避 避 피 待避

待避 | 대피 | 위험이나 피해를 입지 않기 위해 일시적으로 피함

피할 피　'コ尸尸居居居辟辟辟辟辟辟避避避避

243 5급

待望 대망

望 望 망 待望

待望 | 대망 | 기다리고 바람

바랄 망　'亠亡亡朢朢朢朢望望望

244 5급

冷待 냉대

冷 冷 냉 冷待

冷待 | 냉대 | 정성을 들이지 않고 아무렇게나 하는 대접(푸대접)

찰 랭(냉)　'冫冫冫冫冷冷冷

245 6급

度 度 度 　 도

법도 도, 헤아릴 탁　'亠广广产产庐序度

교과서에 나오는 단어

制度(제도)
程度(정도)
濕度(습도)

246 4급

制度 제도

制 制 제 制度

制度 | 제도 | 관습이나 도덕, 법률로 만든 규범이나 사회 구조 체계

절제할 제, 지을 제　'亠乚乞告制制制

247 4급

程度 정도

程 程 정 程度

程度 | 정도 | 일정한 분량이나 수준

한도 정, 길 정　'二千禾禾禾和和程程程程

248 3급

濕度 습도

濕 濕 습 濕度

濕度 | 습도 | 공기 가운데 수증기가 들어 있는 정도

젖을 습, 나라 이름 합　'冫冫氵氵沢沢沢沢沢濕濕濕濕濕濕濕

38

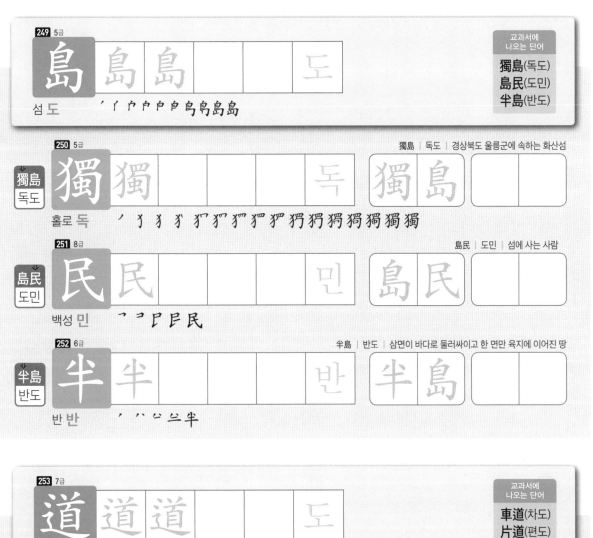

249 5급

島 島 島 　　　　　 도

섬 도　　　'「亻冖冎甪皀鳥鳥鳥島

교과서에 나오는 단어

獨島(독도)
島民(도민)
半島(반도)

250 5급

獨島 독도

獨 獨 　　　　　　　　 독　　獨 島

홀로 독　　'ㄅㄱ犭犭犭犵犵狎猸猸猸獨獨獨

獨島 | 독도 | 경상북도 울릉군에 속하는 화산섬

251 8급

島民 도민

民 民 　　　　　　　　 민　　島 民

백성 민　　フコア尸民

島民 | 도민 | 섬에 사는 사람

252 6급

半島 반도

半 半 　　　　　　　　 반　　半 島

반 반　　'''"' 半

半島 | 반도 | 삼면이 바다로 둘러싸이고 한 면만 육지에 이어진 땅

253 7급

道 道 道 　　　　　 도

길 도, 도리 도　　'''''''''' 首 首 道 道 道

교과서에 나오는 단어

車道(차도)
片道(편도)
複道(복도)

254 7급

車道 차도

車 車 　　　　　　　　 차　　車 道

수레 거, 수레 차　　'ㄅ戸戸亘車

車道 | 차도 | 차들만 다니게 한 길(찻길)

255 3급

片道 편도

片 片 　　　　　　　　 편　　片 道

조각 편　　' ' ' 片

片道 | 편도 | 가고 오는 길 중 어느 한쪽

256 4급

複道 복도

複 複 　　　　　　　　 복　　複 道

겹칠 복, 겹칠 부　　'ㄣㄱネネネネ衤衤衤複複複

複道 | 복도 | 건물 안에 지나다닐 수 있도록 만든 통로

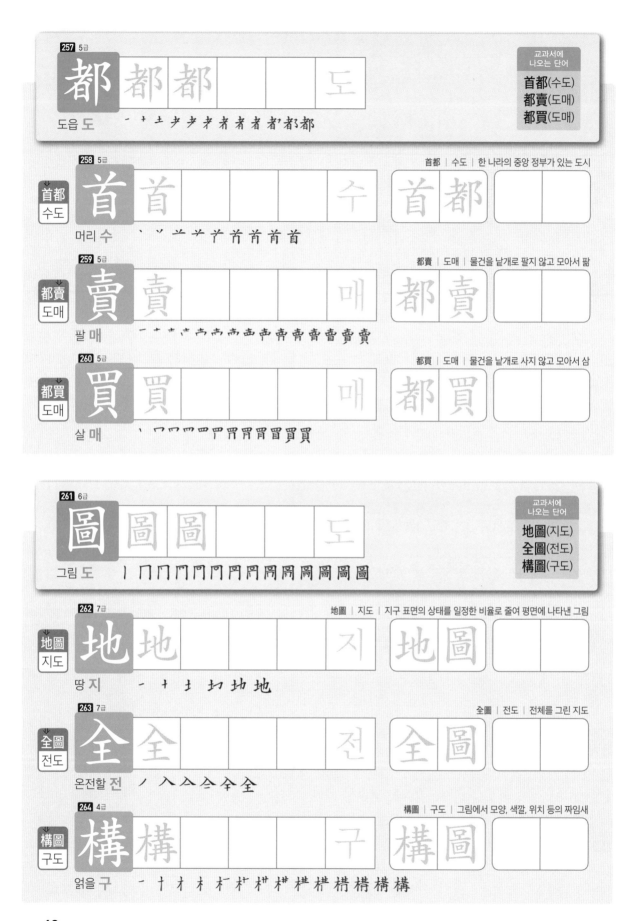

257 5급
都 都 都　　　도

교과서에 나오는 단어
首都(수도)
都賣(도매)
都買(도매)

도읍 도　一 十 土 耂 耂 者 者 者 者 者' 者3 都 都

258 5급
首都
수도

首 首　　　수

首都 | 수도 | 한 나라의 중앙 정부가 있는 도시

首 都

머리 수　丶 丷 丷 产 产 产 首 首 首

259 5급
都賣
도매

賣 賣　　　매

都賣 | 도매 | 물건을 낱개로 팔지 않고 모아서 팖

都 賣

팔 매　一 十 士 吉 吉 吉 声 声 声 青 賣 賣 賣 賣

260 5급
都買
도매

買 買　　　매

都買 | 도매 | 물건을 낱개로 사지 않고 모아서 삼

都 買

살 매　丶 冂 冂 罒 罒 罒 罒 罒 買 買 買 買

261 6급
圖 圖 圖　　　도

교과서에 나오는 단어
地圖(지도)
全圖(전도)
構圖(구도)

그림 도　丨 冂 冂 冂 冃 冃 冃 罔 罔 圖 圖 圖 圖 圖

262 7급
地圖
지도

地 地　　　지

地圖 | 지도 | 지구 표면의 상태를 일정한 비율로 줄여 평면에 나타낸 그림

地 圖

땅 지　一 十 土 圵 地 地

263 7급
全圖
전도

全 全　　　전

全圖 | 전도 | 전체를 그린 지도

全 圖

온전할 전　丿 入 쇼 仐 全 全

264 4급
構圖
구도

構 構　　　구

構圖 | 구도 | 그림에서 모양, 색깔, 위치 등의 짜임새

構 圖

얽을 구　一 十 十 才 木 栌 栌 栌 槿 槿 構 構 構 構

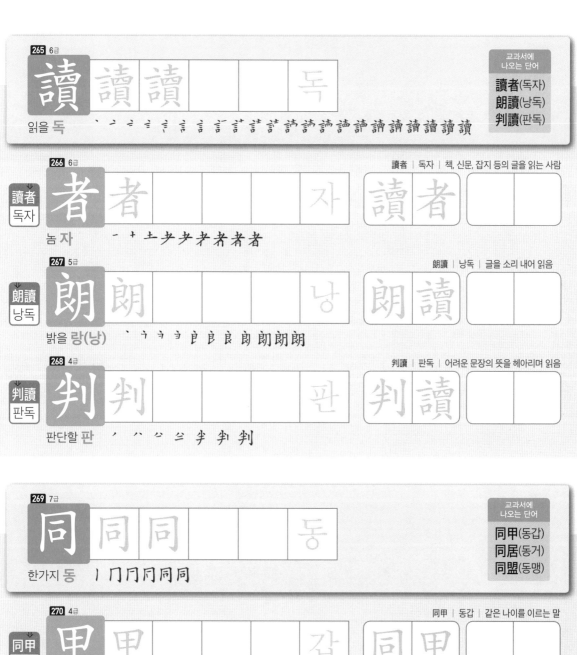

265 6급

讀 讀 讀 　 　 독

읽을 독 　 ` ` ㇐ ㇒ 亠 言 言 訁 訞 訪 詰 詰 讀 讀 讀 讀 讀 讀 讀 讀

교과서에 나오는 단어
讀者(독자)
朗讀(낭독)
判讀(판독)

266 6급

讀者
독자

者 者 　 　 자 讀 者

놈 자 　 ㇐ 十 土 耂 耂 者 者 者 者

讀者 | 독자 | 책, 신문, 잡지 등의 글을 읽는 사람

267 5급

朗讀
낭독

朗 朗 　 　 낭 朗 讀

밝을 랑(낭) 　 ` ㇒ ㇇ ㇕ 自 自 良 良 朗 朗 朗

朗讀 | 낭독 | 글을 소리 내어 읽음

268 4급

判讀
판독

判 判 　 　 판 判 讀

판단할 판 　 ` ㇒ ㇔ ㇀ 半 半 判 判

判讀 | 판독 | 어려운 문장의 뜻을 헤아리며 읽음

4
일
차

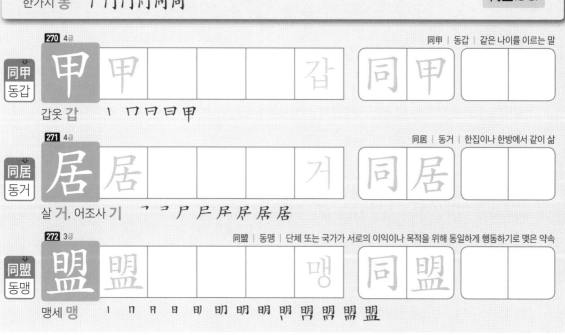

269 7급

同 同 同 　 　 동

한가지 동 　 丨 冂 冂 冃 同 同

교과서에 나오는 단어
同甲(동갑)
同居(동거)
同盟(동맹)

270 4급

同甲
동갑

甲 甲 　 　 갑 同 甲

갑옷 갑 　 丨 冂 曰 日 甲

同甲 | 동갑 | 같은 나이를 이르는 말

271 4급

同居
동거

居 居 　 　 거 同 居

살 거, 어조사 기 　 ㇕ ㇆ 尸 尸 尸 居 居 居

同居 | 동거 | 한집이나 한방에서 같이 삶

272 3급

同盟
동맹

盟 盟 　 　 맹 同 盟

맹세 맹 　 丨 冂 日 日 明 明 明 明 明 盟 盟 盟

同盟 | 동맹 | 단체 또는 국가가 서로의 이익이나 목적을 위해 동일하게 행동하기로 맺은 약속

273 8급

東　東　東　　　　　동

교과서에 나오는 단어

東窓(동창)
東部(동부)
東洋(동양)

동녘 동　一 ｢ ｢ ｢ 后 自 東 東

東窓
동창

274 5급

窓　窓　　　　　창

窓　宀 宀 宀 宀 宏 窓 窓 窓 窓

창 창

東窓 | 동창 | 동쪽으로 난 창

東　窓

東部
동부

275 6급

部　部　　　　　부

떼 부, 거느릴 부　丶 亠 亠 立 产 咅 咅 音 部 部

東部 | 동부 | 어떤 지역의 동쪽 부분

東　部

東洋
동양

276 5급

洋　洋　　　　　양

큰 바다 양　丶 丶 氵 氵 氵 洋 洋 洋 洋

東洋 | 동양 | 유라시아 대륙의 동부 지역

東　洋

---

277 6급

頭　頭　頭　　　　　두

교과서에 나오는 단어

頭腦(두뇌)
話頭(화두)
頭角(두각)

머리 두　一 ｢ ｢ 戸 戸 豆 豆 豆 豆 豇 頭 頭 頭 頭 頭 頭

頭腦
두뇌

278 3급

腦　腦　　　　　뇌

골 뇌　丿 刀 刀 月 𦥑 𦥓 𦥓 𦥓 𦥓 腦 腦 腦 腦

頭腦 | 두뇌 | 중추 신경 계통 가운데 머리뼈 안에 있는 부분

頭　腦

話頭
화두

279 7급

話　話　　　　　화

말씀 화　丶 亠 亖 亖 言 言 言 訂 許 許 話 話

話頭 | 화두 | 이야기의 첫머리

話　頭

頭角
두각

280 6급

角　角　　　　　각

뿔 각　丿 ｸ 勹 角 角 角 角

頭角 | 두각 | 짐승의 머리에 있는 뿔

頭　角

281 4급

燈 燈 燈　　　등

등 등　ヽ ヽ ⚹ ⚹ ⚹ ⚹ ⚹ ⚹ 燃 燃 燃 燈 燈 燈 燈 燈

282 3급

燈臺
등대

燈臺 | 등대 | 바닷가나 섬 등의 밤에 다니는 배에 목표, 뱃길, 위험한 곳 등을 알려주려고 불을 비춰주는 시설

臺 臺　　　대　燈臺

대 대　一 十 土 吉 吉 吉 高 高 臺 臺 臺 臺 臺

283 3급

燒燈
소등

燒燈 | 소등 | 햇불

燒 燒　　소　燒燈

불사를 소　ヽ ヽ ⚹ ⚹ ⚹ ⚹ ⚹ 焼 焼 焼 焼 焼 焼 燒

284 7급

電燈
전등

電燈 | 전등 | 전기의 힘으로 밝은 빛을 내는 등

電 電　　전　電燈

번개 전　一 厂 厂 币 币 雨 雨 雷 雷 雷 雷 雷 電

285 5급

落 落 落　　　락

떨어질 락(낙)　一 ＋ 圵 圵 艾 艾 艾 茨 茨 落 落

286 6급

落石
낙석

落石 | 낙석 | 산 위나 벼랑 등에서 돌이 떨어짐

石 石　　　석　落石

돌 석　一 ブ 丆 石 石

287 3급

落雷
낙뢰

落雷 | 낙뢰 | 벼락이 떨어짐

雷 雷　　뢰　落雷

우레 뢰(뇌)　一 厂 厂 币 币 雨 雨 雷 雷 雷 雷 雷

288 3급

沒落
몰락

沒落 | 몰락 | 재물이나 세력 등이 약해져서 보잘것없이 됨

沒 沒　　몰　沒落

빠질 몰　ヽ ヽ シ シ 沪 沙 沒

亂 亂 亂 　 　 난

어지러울 **난(란)**　　ノ ィ ゥ ゥ ゥ ゥ ゚ 肴 肴 肴 肴 亂 亂 亂

교과서에 나오는 단어
亂舞(난무)
亂離(난리)
亂暴(난폭)

---

290 4급　　亂舞 | 난무 | 엉킨 듯이 어지럽게 추는 춤

亂舞
난무

舞 舞 　 　 　 무 亂舞

춤출 **무**　　ノ ′ ⌒ ⌒ 午 午 無 無 無 舞 舞 舞 舞 舞

---

291 4급　　亂離 | 난리 | 전쟁이나 병란

亂離
난리

離 離 　 　 　 리 亂離

떠날 **리(이)**　　` ⌐ ㅗ 古 古 卤 离 离 离 离 离 离 离 離 離 離 離 離

---

292 4급　　亂暴 | 난폭 | 행동이 몹시 거칠고 사나움

亂暴
난폭

暴 暴 　 　 　 폭 亂暴

사나울 **폭**, 쬘 폭　　` ⌒ ⌒ ⌒ 므 므 므 昰 昰 昱 暴 暴 暴 暴

覽 覽 覽 　 　 람

볼 **람(남)**　　一 千 千 千 臣 臣 臣 臣 臣 卧 臨 臨 臨 臨 臨 臨 臨 臨 覽 覽

교과서에 나오는 단어
要覽(요람)
展覽(전람)
博覽(박람)

---

294 5급　　要覽 | 요람 | 중요한 내용만 뽑아 간추려 놓은 책

要覽
요람

要 要 　 　 　 요 要覽

요긴할 **요**　　一 ⌒ ⌒ 两 两 西 要 要 要

---

295 5급　　展覽 | 전람 | 펴서 봄

展覽
전람

展 展 　 　 　 전 展覽

펼 **전**　　⌐ ⌐ �尸 尸 尸 尽 屈 屈 展 展

---

296 4급　　博覽 | 박람 | 책을 폭넓게 많이 읽음

博覽
박람

博 博 　 　 　 박 博覽

넓을 **박**　　一 十 忄 忄 忄 恒 恒 博 博 博 博

297 5급

冷 | 冷 冷 | | | 랭

찰 랭(냉) `ㆍㅎㅎㄲ冷冷

교과서에 나오는 단어
冷凍(냉동)
冷房(냉방)
寒冷(한랭)

298 3급

冷凍
냉동

凍 | 凍 | | | 동

얼 동 `ㆍ冫冫冫冱冱冱冻凍凍

冷凍 | 냉동 | 생선이나 육류 등을 신선하게 보관하기 위해 얼림

冷凍

299 4급

冷房
냉방

房 | 房 | | | 방

방 방 `ㆍㅎ戸戸戸房房

冷房 | 냉방 | 실내의 온도를 낮춰 차게 하는 일

冷房

300 5급

寒冷
한랭

寒 | 寒 | | | 한

찰 한 `ㆍ宀宀宀宰宰宰寒寒寒

寒冷 | 한랭 | 날씨가 춥고 참

寒冷

4일차

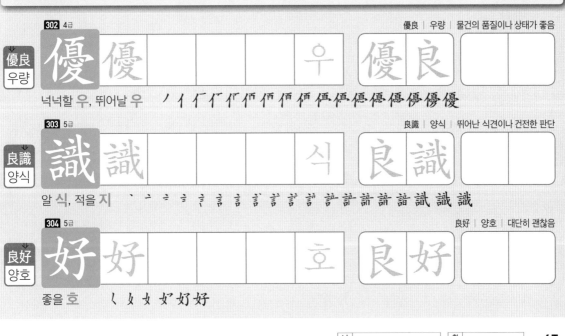

301 5급

良 | 良 良 | | | 량

어질 량(양) `ㆍㅋㅋ艮艮良

교과서에 나오는 단어
優良(우량)
良識(양식)
良好(양호)

302 4급

優良
우량

優 | 優 | | | 우

넉넉할 우, 뛰어날 우 `ノイイイ俨俨俨俨俨俨傻傻傻傻優

優良 | 우량 | 물건의 품질이나 상태가 좋음

優良

303 5급

良識
양식

識 | 識 | | | 식

알 식, 적을 지 `ㆍㄹㄹ言言言言言訂訒訒諳諳諳識識識

良識 | 양식 | 뛰어난 식견이나 건전한 판단

良識

304 5급

良好
양호

好 | 好 | | | 호

좋을 호 `ㄴㄴ女女好好

良好 | 양호 | 대단히 괜찮음

良好

305 5급

旅 旅 旅 　 　 려

교과서에 나오는 단어
旅館(여관)
旅費(여비)
旅券(여권)

나그네 려(여)　丶 亠 亠 方 方 扩 扩 斿 旅 旅

旅館
여관

306 3급

館 館 　 　 　 관 | 旅館

旅館 | 여관 | 일정한 돈을 받고 손님을 묵게 하는 집

집 관, 객사 관　丿 𠂆 𠂇 𠂈 𠂉 今 今 𠆲 𠆲 𠆳 𠆴 館 館 館 館 館

旅費
여비

307 5급

費 費 　 　 　 비 | 旅費

旅費 | 여비 | 여행하는 데 드는 비용

쓸 비　𠃌 𠃌 弓 𢎨 𢎨 弗 弗 費 費 費 費 費

旅券
여권

308 4급

券 券 　 　 　 권 | 旅券

旅券 | 여권 | 외국을 여행하는 사람의 신분이나 국적을 증명하고 상대국에게 그 보호를 의뢰하는 문서

문서 권　丷 丷 丷 𠂉 𠂎 半 券 券 券

---

309 5급

歷 歷 歷 　 　 력

교과서에 나오는 단어
經歷(경력)
歷史(역사)
歷任(역임)

지날 력(역), 책력 력(역)　一 厂 厂 厈 厈 厤 厤 厤 厤 歷 歷 歷 歷 歷 歷 歷

經歷
경력

310 4급

經 經 　 　 　 경 | 經歷

經歷 | 경력 | 여러 가지 일을 겪어 지내 옴

지날 경, 글 경　𠃋 𠃋 𢆶 𢆶 糸 糸 糸 紓 紓 經 經 經 經

歷史
역사

311 5급

史 史 　 　 　 사 | 歷史

歷史 | 역사 | 인류 사회의 변천과 흥망의 과정

사기 사　丶 口 口 史 史

歷任
역임

312 5급

任 任 　 　 　 임 | 歷任

歷任 | 역임 | 여러 직위를 골고루 거쳐 지냄

맡길 임, 맞을 임　丿 亻 亻 仁 仟 任

313 5급

練 練 練 | | | 련

訓練(훈련)
練習(연습)
洗練(세련)

익힐 **련(연)** 　　纟　纟　纟　糸　糸　絋　紡　絧　絧　絧　絾　絼　練　練

---

314 6급

訓練
훈련

訓 訓 | | | 훈 | 訓 練 |

訓練 | 훈련 | 기본 자세나 동작 등을 되풀이하여 익힘

가르칠 **훈**, 길 순 　　丶　二　計　言　言　訂　訓　訓

---

315 6급

練習
연습

習 習 | | | 습 | 練 習 |

練習 | 연습 | 학문이나 기예를 익숙하도록 되풀이하여 익힘

익힐 **습** 　フ　刁　羽　羽　羽　習　習　習　習　習

---

316 5급

洗練
세련

洗 洗 | | | 세 | 洗 練 |

洗練 | 세련 | 능숙하고 미끈하게 갈고닦음

씻을 **세**, 깨끗할 **선** 　丶　氵　氵　氵　沪　沪　洪　洗　洗

---

317 4급

烈 烈 烈 | | | 렬

猛烈(맹렬)
激烈(격렬)
烈士(열사)

매울 **렬(열)** 　一　丆　歹　歹　列　列　列　烈　烈　烈

---

318 3급

猛烈
맹렬

猛 猛 | | | 맹 | 猛 烈 |

猛烈 | 맹렬 | 기세가 몹시 사납고 세참

사나울 **맹** 　丿　犭　犭　犭　犷　狞　猛　猛　猛　猛

---

319 4급

激烈
격렬

激 激 | | | 격 | 激 烈 |

激烈 | 격렬 | 말이나 행동이 세차고 사나움

격할 **격** 　丶　氵　氵　氵　沪　沪　沪　洎　洎　潡　潡　潡　潡　激　激

---

320 5급

烈士
열사

士 士 | | | 사 | 烈 士 |

烈士 | 열사 | 나라를 위해 절의를 굳게 지키며 충성을 다해서 싸운 사람

선비 **사** 　一　十　士

321 5급

令 하여금 령(영) 丿 人 仄 今 令

令 令　　　　령

교과서에 나오는 단어
命令(명령)
指令(지령)
號令(호령)

교과서에 나오는 단어
命令(명령)
指令(지령)
號令(호령)

命令
명령

322 7급

命 목숨 명　丿 人 仄 今 合 合 命 命

命　　　　　명　　命令

命令 │ 명령 │ 윗사람이 아랫사람이나 하위 조직에게 무엇을 하게 함

指令
지령

323 4급

指 가리킬 지　一 十 扌 扌 扩 拃 拃 指 指 指

指　　　　　지　　指令

指令 │ 지령 │ 상급 관청이 하급 관청에 해당 소관 사무에 대해 내리는 명령

號令
호령

324 6급

號 이름 호, 부르짖을 호　丶 𠮥 口 吕 号 号' 号⺂ 號⺂ 號⺅ 號 號 號

號　　　　　호　　號令

號令 │ 호령 │ 부하나 동물 등을 지휘하여 명령함

---

325 5급

領 거느릴 령(영)　丿 𠂆 𠂤 今 令 刽 刽 領 領 領 領 領 領

領 領　　　　령

교과서에 나오는 단어
領主(영주)
橫領(횡령)
大統領(대통령)

領主
영주

326 7급

主 임금 주, 주인 주　丶 二 二 主 主

主　　　　　주　　領主

領主 │ 영주 │ 토지의 소유자

橫領
횡령

327 3급

橫 가로 횡, 빛 광　一 十 才 木 杧 杧 桦 桦 枨 梢 樯 橫 橫 橫 橫

橫　　　　　횡　　橫領

橫領 │ 횡령 │ 공금이나 남의 재물을 불법으로 차지하여 가짐

大統領
대통령

328 4급

統 거느릴 통　丿 幺 幺 年 糸 糸 糸' 紓 統 統 統

統　　　통　　大統領

大統領 │ 대통령 │ 외국에 대하여 국가를 대표하는 국가의 원수

329 6급

例 例 例 　　　 례

법식 **례(예)**　　ノ イ イ 仔 佇 佇 例 例

---

330 5급

例示
예시

示 示 　　　 시

보일 **시**　　一 二 亍 示 示

例示 │ 예시 │ 예를 들어 보임

例 示

---

331 8급

例外
예외

外 外 　　　 외

바깥 **외**　　ノ ク タ 夘 外

例外 │ 예외 │ 일반적 규칙이나 정례에서 벗어나는 일

例 外

---

332 4급

常例
상례

常 常 　　　 상

떳떳할 **상**, 항상 **상**　　⺌ ⺌ ⺌ 严 严 常 常 常 常 常 常

常例 │ 상례 │ 보통 있는 일

常 例

---

333 7급

老 老 老 　　　 로

늙을 **로(노)**　　一 十 土 耂 老 老

---

334 3급

老妄
노망

妄 妄 　　　 망

망령될 **망**　　⺈ 亠 亡 亡 妄 妄

老妄 │ 노망 │ 늙어서 망령이 듦

老 妄

---

335 4급

老松
노송

松 松 　　　 송

소나무 **송**　　一 十 才 木 朴 朴 松 松

老松 │ 노송 │ 늙은 소나무

老 松

---

336 6급

老弱者
노약자

弱 弱 　　　 약

약할 **약**　　⁊ ⁊ 弓 引 引 引 引 弱 弱 弱

老弱者 │ 노약자 │ 늙거나 약한 사람

老 弱 者

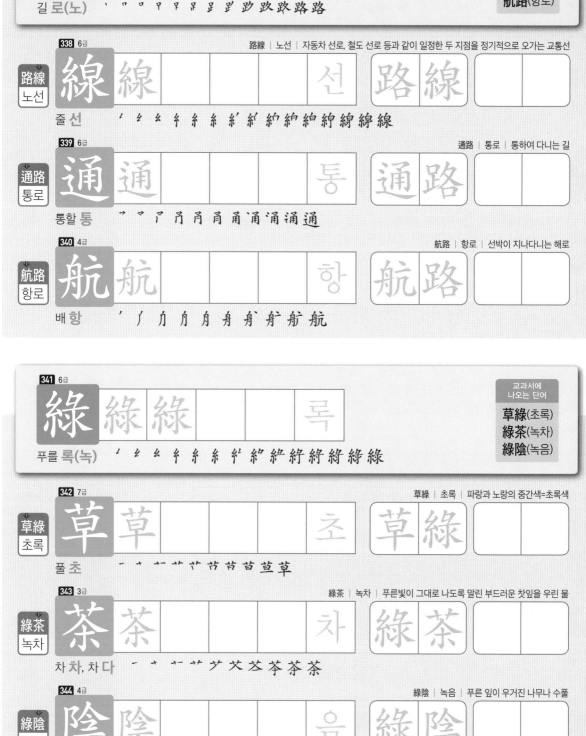

337 6급

路 路 路 　　　 로

교과서에 나오는 단어
路線(노선)
通路(통로)
航路(항로)

길 로(노)　`ノロ口甲甲甲甲足跙跙路路

路線
노선

338 6급

線 線 　　　 선 路線

줄 선　`ㄥㄠㄠㄠㄠㄠ糸糸紗紗紳紳線線

路線 | 노선 | 자동차 선로, 철도 선로 등과 같이 일정한 두 지점을 정기적으로 오가는 교통선

通路
통로

339 6급

通 通 　　　 통 通路

통할 통　`ㄱㄱㄱ甬甬甬甬通通通

通路 | 통로 | 통하여 다니는 길

航路
항로

340 4급

航 航 　　　 항 航路

배 항　`ノ力力力舟舟舟舟舫航

航路 | 항로 | 선박이 지나다니는 해로

341 6급

綠 綠 綠 　　　 록

교과서에 나오는 단어
草綠(초록)
綠茶(녹차)
綠陰(녹음)

푸를 록(녹)　`ㄥㄠㄠㄠㄠㄠ糸糸紗紣紣紣綠綠

草綠
초록

342 7급

草 草 　　　 초 草綠

풀 초　`一+ナ艹艹艹苔苔草草

草綠 | 초록 | 파랑과 노랑의 중간색=초록색

綠茶
녹차

343 3급

茶 茶 　　　 차 綠茶

차 차, 차 다　`一+ナ艹艹艻茨苶茶茶

綠茶 | 녹차 | 푸른빛이 그대로 나도록 말린 부드러운 찻잎을 우린 물

綠陰
녹음

344 4급

陰 陰 　　　 음 綠陰

그늘 음, 침묵할 암　`ㄱㄓ阝阝阶阶阶陰陰陰

綠陰 | 녹음 | 푸른 잎이 우거진 나무나 수풀

5
일
차

345 4급

錄 錄 錄 　 　 록

기록할 **록(녹)** ノ ゝ ト ゃ 수 兵 金 金 針 釒 釒 鈫 鈫 錄

교과서에
나오는 단어

錄音(녹음)
錄畫(녹화)
芳名錄(방명록)

錄音
녹음

346 6급

音 音 　 　 음

소리 **음**, 그늘 **음** ` 亠 ェ 产 立 产 音 音 音

錄音 | 녹음 | 테이프나 판 또는 영화 필름 등에 소리를 기록함

錄音

錄畫
녹화

347 6급

畫 畫 　 　 화

그림 **화**, 그을 **획** フ コ ヨ ヨ 聿 聿 書 書 書 書 書 畫

錄畫 | 녹화 | 사물의 모습이나 움직임 등을 비디오카메라 등을 통해 필름으로 담아둠

錄畫

芳名錄
방명록

348 3급

芳 芳 　 방

꽃다울 **방** ` 一 ┼ ┼ 艹 艾 芳 芳 芳

芳名錄 | 방명록 | 어떤 일에 참여한 사람들을 특별히 기념하기 위해 이름을 적어 놓는 기록

芳名錄

---

349 5급

料 料 料 　 　 료

헤아릴 **료(요)** ` ` ゛ ⌐ ¥ ¥ ¥ ¥ ¥ 料 料

교과서에
나오는 단어

有料(유료)
料金(요금)
材料(재료)

有料
유료

350 7급

有 有 　 　 유

있을 **유** 一 ナ 才 有 有 有

有料 | 유료 | 요금을 내게 되어 있음

有料

料金
요금

351 8급

金 金 　 　 금

쇠 **금**, 성씨 **김** ノ 入 스 合 今 余 金 金

料金 | 요금 | 사물을 사용하고 소비 및 관람한 대가로 치르는 돈

料金

材料
재료

352 5급

材 材 　 　 재

재목 **재** 一 十 才 木 朷 材 材

材料 | 재료 | 물건을 만드는 데 들어감

材料

類 類 類 | 류

무리 류(유)

` ` ⺌ ⺌ ⺌ ⺌ 뽀 쁘 쁘 쁘 쁘 쮀 쮀 類 類 類 類

---

354 5급

魚類
어류

魚 | 어 | 魚類 | 어류 | 척추동물문의 연골어강, 경골어강, 먹장어강, 두갑강, 조기강을 통틀어 이르는 말

물고기 어

` ⺈ ⺈ ⺈ 甪 甪 魚 魚 魚 魚 魚

355 6급

衣類
의류

衣 | 의 | 衣類 | 衣類 | 의류 | 옷 등을 통틀어 이르는 말

옷 의

` ⺀ ⺄ ⺅ 产 衣 衣

356 4급

類推
유추

推 | 추 | 類推 | 類推 | 유추 | 같은 종류 또는 비슷한 것에 기초하여 다른 사물을 미루어 추측하는 일

밀 추

一 扌 扌 扩 扩 扩 扩 拊 拊 推 推

---

357 4급

律 律 律 | 률

법칙 률(율)

` ⺈ ⺅ 彳 彳 仱 律 律 律 律

---

358 4급

律詩
율시

詩 | 시 | 律詩 | 律詩 | 율시 | 여덟 구로 되어 있는 한시체(漢詩體)

시 시

` ⺀ ⺄ 言 言 言 言 計 詍 詍 詩 詩

359 5급

規律
규율

規 | 규 | 規律 | 規律 | 규율 | 질서나 제도를 유지하기 위하여 정해 놓은 행동 준칙이 되는 본보기

법 규

一 二 キ 夫 却 却 却 規 規 規 規

360 5급

他律
타율

他 | 타 | 他律 | 他律 | 타율 | 다른 규율

다를 타

丿 亻 们 他 他

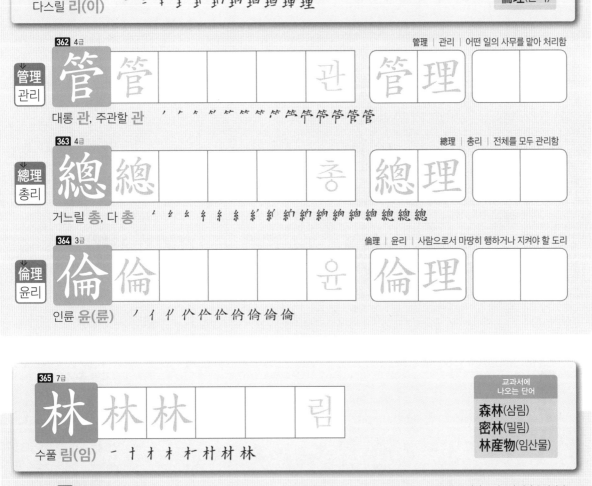

361 6급

理 理 理 　 　 리

다스릴 리(이)　一 二 十 王 玑 珇 珇 珥 理 理

교과서에 나오는 단어
管理(관리)
總理(총리)
倫理(윤리)

362 4급　　　　　　　　　　管理 | 관리 | 어떤 일의 사무를 맡아 처리함

管理
관리

管 管 　 　 　 관　管 理

대롱 관, 주관할 관　' ' ' ' ' 竺 竺 竺 竺 竺 竺 管 管

363 4급　　　　　　　　　　總理 | 총리 | 전체를 모두 관리함

總理
총리

總 總 　 　 　 총　總 理

거느릴 총, 다 총　' ' ' ' ' ' ' 糸 糸 紁 紁 紷 絤 總 總 總 總

364 3급　　　　　　　　　　倫理 | 윤리 | 사람으로서 마땅히 행하거나 지켜야 할 도리

倫理
윤리

倫 倫 　 　 　 윤　倫 理

인륜 윤(륜)　' 亻 亻 亻 伶 伶 伶 伶 倫 倫

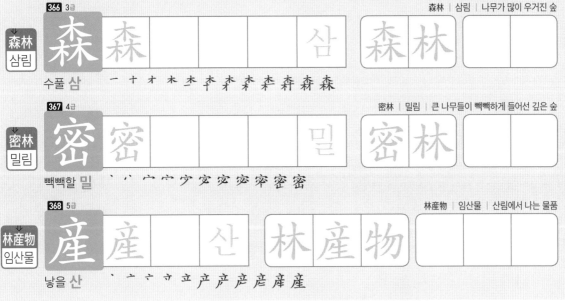

365 7급

林 林 林 　 　 림

수풀 림(임)　一 十 才 才 术 村 材 林

교과서에 나오는 단어
森林(삼림)
密林(밀림)
林産物(임산물)

366 3급　　　　　　　　　　森林 | 삼림 | 나무가 많이 우거진 숲

森林
삼림

森 森 　 　 　 삼　森 林

수풀 삼　一 十 才 木 木 杏 杏 杏 杏 森 森 森

367 4급　　　　　　　　　　密林 | 밀림 | 큰 나무들이 빽빽하게 들어선 깊은 숲

密林
밀림

密 密 　 　 　 밀　密 林

빽빽할 밀　' 宀 宀 宓 宓 宓 宓 密 密

368 5급　　　　　　　　　　林産物 | 임산물 | 산림에서 나는 물품

林産物
임산물

産 産 　 　 　 산　林 産 物

낳을 산　' 亠 亠 立 产 产 产 产 産 産

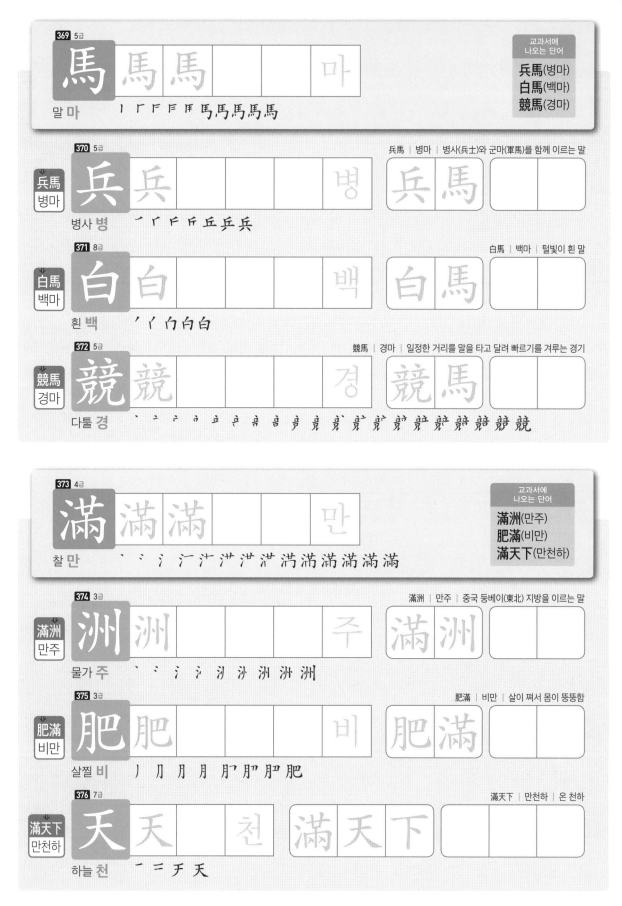

369 5급
馬 馬 馬 | | | 마

말 **마**　ㅣ Ｆ Ｆ Ｆ Ｆ 馬 馬 馬 馬

교과서에 나오는 단어
兵馬(병마)
白馬(백마)
競馬(경마)

370 5급
兵馬 병마
兵 兵 | | | 병 ‖ 兵 馬 |

병사 **병**　ʹ ʹ Ｆ Ｆ 丘 兵 兵

兵馬 | 병마 | 병사(兵士)와 군마(軍馬)를 함께 이르는 말

371 8급
白馬 백마
白 白 | | | 백 ‖ 白 馬 |

흰 **백**　ʹ ʹ 白 白 白

白馬 | 백마 | 털빛이 흰 말

372 5급
競馬 경마
競 競 | | | 경 ‖ 競 馬 |

다툴 **경**　ˋ ˋ ˊ ˋ 立 立 竞 竞 竞 竞 竞 竞 竞 竞 競 競 競 競 競 競

競馬 | 경마 | 일정한 거리를 말을 타고 달려 빠르기를 겨루는 경기

373 4급
滿 滿 滿 | | | 만

찰 **만**　ˋ ˋ ˀ 氵 氵 汁 泮 洴 洴 満 満 満 満 満 満

교과서에 나오는 단어
滿洲(만주)
肥滿(비만)
滿天下(만천하)

374 3급
滿洲 만주
洲 洲 | | | 주 ‖ 滿 洲 |

물가 **주**　ˋ ˋ ˀ 氵 氵 汋 汌 沙 洲 洲 洲

滿洲 | 만주 | 중국 둥베이(東北) 지방을 이르는 말

375 3급
肥滿 비만
肥 肥 | | | 비 ‖ 肥 滿 |

살찔 **비**　ʹ Ｊ 月 月 肝 肝 肥 肥

肥滿 | 비만 | 살이 쪄서 몸이 뚱뚱함

376 7급
滿天下 만천하
天 天 | | | 천 ‖ 滿 天 下 |

하늘 **천**　一 二 チ 天

滿天下 | 만천하 | 온 천하

377 5급

末　末　末　　　　말

끝 **말**　一 二 十 才 末

교과서에 나오는 단어
末伏(말복)
週末(주말)
粉末(분말)

378 4급

末伏
말복

伏　伏　　　　　복

엎드릴 **복**　ノ イ 亻 仕 伏 伏

末伏 | 말복 | 삼복(三伏) 중에서 마지막에 드는 복날

末伏

379 5급

週末
주말

週　週　　　　주

주일 **주**　丿 刀 刀 円 用 用 周 周 冑 凋 调 週

週末 | 주말 | 한 주일의 끝

週末

380 4급

粉末
분말

粉　粉　　　　분

가루 **분**　丶 ヽ ゝ 二 半 米 米 粉 粉 粉

粉末 | 분말 | 딱딱한 물건을 보드라울 정도로 잘게 부수거나 갈아서 만든 것=가루

粉末

5
일
차

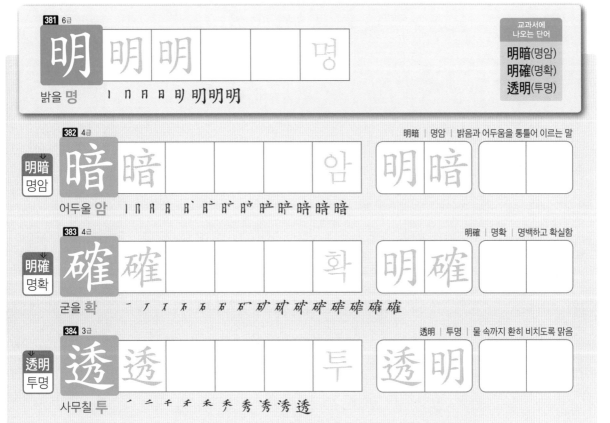

381 6급

明　明　明　　　　명

밝을 **명**　｜ 冂 日 日 旫 明 明 明

교과서에 나오는 단어
明暗(명암)
明確(명확)
透明(투명)

382 4급

明暗
명암

暗　暗　　　　암

어두울 **암**　｜ 冂 日 日 日` 日立 日辛 昨 暗 暗 暗 暗 暗

明暗 | 명암 | 밝음과 어두움을 통틀어 이르는 말

明暗

383 4급

明確
명확

確　確　　　　확

굳을 **확**　一 丆 石 石 石 矿 矿 矿 碌 碓 碓 確 確 確

明確 | 명확 | 명백하고 확실함

明確

384 3급

透明
투명

透　透　　　　투

사무칠 **투**　一 二 千 千 禾 禾 秀 秀 透 透

透明 | 투명 | 물 속까지 환히 비치도록 맑음

透明

385 8급

母

母 母 모

어머니 모 ㄴ 𠃋 𠁣 母 母

교과서에 나오는 단어

母女(모녀)
丈母(장모)
祖父母(조부모)

386 8급

母女 모녀

女

女 녀

여자 녀(여) ㄑ 乆 女

母女 | 모녀 | 어머니와 딸을 함께 이르는 말

母 女

387 3급

丈母 장모

丈

丈 장

어른 장 一 ナ 丈

丈母 | 장모 | 아내의 어머니를 이르는 말

丈 母

388 7급

祖父母 조부모

祖

祖 조

할아버지 조, 조상 조 一 二 亍 亓 示 礻 礽 祁 祖 祖

祖父母 | 조부모 | 할아버지와 할머니를 함께 이르는 말

祖 父 母

389 4급

模

模 模 모

본뜰 모, 모호할 모 一 十 才 木 木 木 村 栟 栟 栟 栟 梈 模 模 模

교과서에 나오는 단어

模唱(모창)
摸倣(모방)
模範(모범)

390 5급

模唱 모창

唱

唱 창

부를 창 丨 口 口 口 叩 叩 唱 唱 唱 唱 唱

模唱 | 모창 | 남의 노래를 흉내 내는 일

模 唱

391 3급

摸倣 모방

倣

倣 방

본뜰 방 丿 亻 亻 仁 仿 仿 仿 仿 倣 倣

摸倣 | 모방 | 다른 것을 본뜨거나 본받음

摸 倣

392 4급

模範 모범

範

範 범

법 범 丿 𠂉 𠂉 𥫗 𥫗 竹 竺 笁 笵 笵 笵 筸 範 範 範

模範 | 모범 | 본받아 배울 만한 대상

模 範

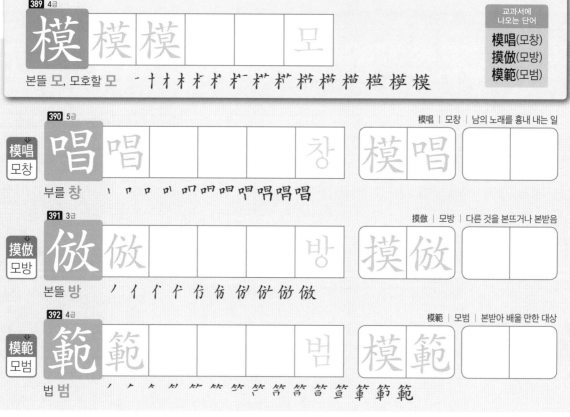

393 4급

牧 牧 牧 　 　 목

칠 **목**　 ′ ′ ′ ′ ′ ′ ′ 牧 牧

교과서에
나오는 단어

牧畜(목축)
牧童(목동)
遊牧民(유목민)

牧畜
목축

394 3급

畜 畜 　 　 축

짐승 **축**　 ′ ′ ′ ′ ′ ′ ′ 畜 畜 畜

牧畜｜목축｜소, 말, 양, 돼지 등의 가축을 많이 기르는 일

牧 畜

牧童
목동

395 6급

童 童 　 　 동

아이 **동**, 땅 이름 **종**　 ′ ′ ′ ′ ′ 立 产 亩 音 音 童 童

牧童｜목동｜풀을 뜯기며 가축을 치는 아이

牧 童

遊牧民
유목민

396 4급

遊 遊 　 유

놀 **유**　 ′ ′ ′ ′ ′ ′ ′ 斿 斿 斿 游 游 遊

遊牧民｜유목민｜목축을 직업으로 삼아 물과 풀을 따라 옮겨 다니며 사는 민족

遊 牧 民

397 4급

墓 墓 墓 　 묘

무덤 **묘**　 ′ ′ ′ ′ ′ 莒 苫 苗 苗 莫 莫 莫 墓 墓

교과서에
나오는 단어

墓所(묘소)
墓碑(묘비)
省墓(성묘)

墓所
묘소

398 7급

所 　 소

바 **소**　 ′ ′ ′ ′ ′ ′ 所 所

墓所｜묘소｜산소

墓 所

墓碑
묘비

399 4급

碑 碑 　 비

비석 **비**　 ′ ′ ′ ′ ′ ′ ′ ′ ′ 砷 碑 碑

墓碑｜묘비｜무덤 앞에 세우는 비석

墓 碑

省墓
성묘

400 6급

省 省 　 성

살필 **성**　 ′ ′ ′ ′ ′ 省 省 省 省

省墓｜성묘｜조상의 산소를 찾아가서 돌봄

省 墓

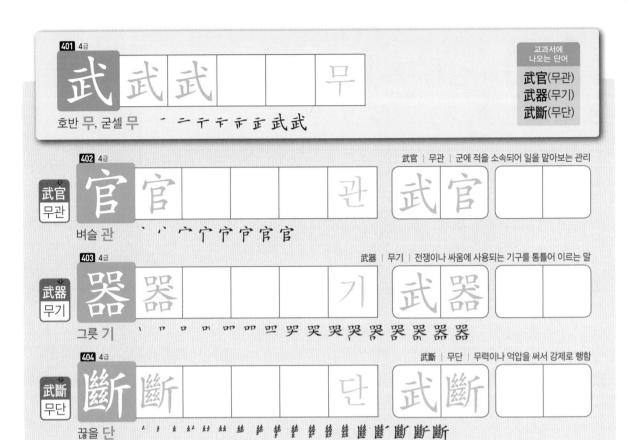

401 4급 武 武 武 　 　 무
호반 무, 굳셀 무 　一二干牙武武武

교과서에 나오는 단어
武官(무관)
武器(무기)
武斷(무단)

武官
무관
402 4급 官 官 　 　 관 武官
벼슬 관 　丶丷宀宀宁官官官
武官 | 무관 | 군에 적을 소속되어 일을 맡아보는 관리

武器
무기
403 4급 器 器 　 　 기 武器
그릇 기 　丨口口口甲罒罒罒罒器器器器器
武器 | 무기 | 전쟁이나 싸움에 사용되는 기구를 통틀어 이르는 말

武斷
무단
404 4급 斷 斷 　 　 단 武斷
끊을 단 　丨丨丨幺幺丝丝丝丝丝丝丝丝丝斷斷斷斷
武斷 | 무단 | 무력이나 억압을 써서 강제로 행함

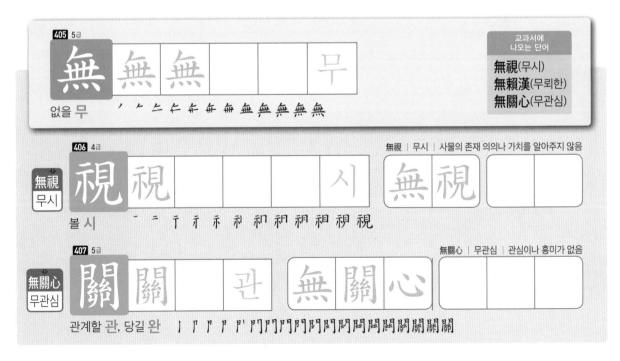

405 5급 無 無 無 　 　 무
없을 무 　丿丿匕匕午午午無無無無無

교과서에 나오는 단어
無視(무시)
無賴漢(무뢰한)
無關心(무관심)

無視
무시
406 4급 視 視 　 　 시 無視
볼 시 　一二干千示示和和和視視視
無視 | 무시 | 사물의 존재 의의나 가치를 알아주지 않음

無關心
무관심
407 5급 關 關 　 관 無關心
관계할 관, 당길 완 　丨丨丨丨丨丨丨門門門門門門門閗閗閗關關關關
無關心 | 무관심 | 관심이나 흥미가 없음

408 6급

聞 聞 聞 | | | 문

들을 문 　丿 冂 冃 闩 闩 門 門 門 門 門 門 門 聞 聞

교과서에
나오는 단어

新聞(신문)
風聞(풍문)
聽聞會(청문회)

---

409 6급

新聞
신문

新 新 | | | 신 | 新 聞 | |

새 **신**　丶 亠 立 辛 辛 辛 亲 亲 亲 新 新 新

新聞 | 신문 | 새로운 소식이나 견문

---

410 6급

風聞
풍문

風 風 | | | 풍 | 風 聞 | |

바람 **풍**　丿 几 凡 凡 凤 凤 風 風 風

風聞 | 풍문 | 바람처럼 떠도는 소문

---

411 4급

聽聞會
청문회

聽 聽 | | | 청 | 聽 聞 會 | |

들을 **청**　一 丁 千 千 耳 耳 耳 耳 耳 耶 耵 聍 聍 聍 聍 聽 聽 聽

聽聞會 | 청문회 | 어떤 문제에 대하여 내용을 듣고 그것에 대해서 물어보는 모임

6
일
차

---

412 7급

文 文 文 | | | 문

글월 **문**　丶 一 ナ 文

교과서에
나오는 단어

文字(문자)
文章(문장)
文化(문화)

---

413 7급

文字
문자

字 字 | | | 자 | 文 字 | |

글자 **자**　丶 丷 宀 宀 宁 字

文字 | 문자 | 인간의 언어를 적는 데 사용하는 시각적인 기호 체계

---

414 6급

文章
문장

章 章 | | | 장 | 文 章 | |

글 **장**　丶 亠 亠 立 产 音 音 音 音 章 章

文章 | 문장 | 생각이나 감정을 말과 글로 표현할 때 완결된 내용을 나타내는 최소의 단위

---

415 5급

文化
문화

化 化 | | | 화 | 文 化 | |

될 **화**　丿 亻 亻 化

文化 | 문화 | 사회를 구성하고 있는 사람들이 습득하거나 공유 및 전달하는 생활 양식이나 행동 양식

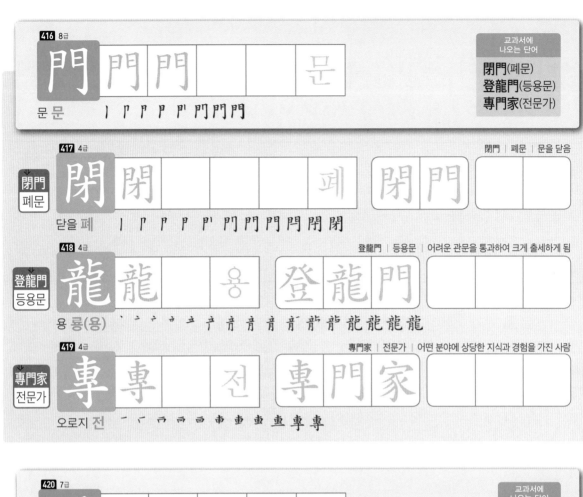

416 8급
門 門 門　　　문

교과서에 나오는 단어
閉門(폐문)
登龍門(등용문)
專門家(전문가)

문 문　ㅣ ㄇ ㄇ ㄇ ㄇ 門 門 門

417 4급
閉門 / 폐문 / 문을 닫음
閉 閉　　　폐　閉 門
닫을 폐　ㅣ ㄇ ㄇ ㄇ ㄇ 門 門 門 門 閉 閉

418 4급
登龍門 / 등용문 / 어려운 관문을 통과하여 크게 출세하게 됨
龍 龍　　용　登 龍 門
용 룡(용)　ㆍ ㆍ ㄱ ㄱ 立 产 肀 肀 肀 背 背 龍 龍 龍 龍

419 4급
專門家 / 전문가 / 어떤 분야에 상당한 지식과 경험을 가진 사람
專 專　　전　專 門 家
오로지 전　一 ㄱ 币 币 申 恵 恵 車 車 專 專

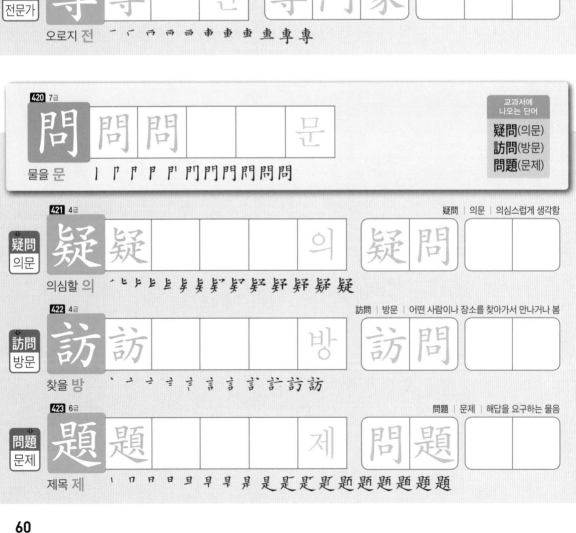

420 7급
問 問 問　　　문

교과서에 나오는 단어
疑問(의문)
訪問(방문)
問題(문제)

물을 문　ㅣ ㄇ ㄇ ㄇ ㄇ 門 門 門 門 問 問

421 4급
疑問 / 의문 / 의심스럽게 생각함
疑 疑　　　의　疑 問
의심할 의　ㆍ ㄴ ㅏ ㅏ ㅏ 圠 圠 圠 疑 疑 疑 疑 疑 疑

422 4급
訪問 / 방문 / 어떤 사람이나 장소를 찾아가서 만나거나 봄
訪 訪　　　방　訪 問
찾을 방　ㆍ ㄴ 亠 글 글 言 言 言 訁 訪 訪

423 6급
問題 / 문제 / 해답을 요구하는 물음
題 題　　　제　問 題
제목 제　ㅣ ㄇ ㅁ ㅂ 므 무 무 문 是 是 是 題 題 題 題 題 題

424 4급

防 防 防 　 　 방

막을 **방** 　 ⁊ ⁊ ⟨ ⟨ ⟨ 防 防

防疫
방역

疫 疫 　 　 　 역 | 防疫 | 방역 | 전염병이 발생하거나 유행하는 것을 미리 막는 일

防疫 　

전염병 **역** 　 丶 亠 广 广 广 疒 疒 疫 疫

防止
방지

止 止 　 　 　 지 | 防止 | 방지 | 어떤 일이나 현상이 일어나지 못하게 막음

防止 　

그칠 **지** 　 丨 ⼘ ⺊ 止

無防備
무방비

備 備 　 비 | 無防備 | 무방비 | 적이나 해로운 것 등을 막아 낼 준비가 되어 있지 않음

無 防 備 　

갖출 **비** 　 ノ イ 亻 仁 仕 借 借 借 備 備 備

428 6급

放 放 放 　 　 방

놓을 **방** 　 丶 亠 ⼦ 方 扩 扩 放 放

放課
방과

課 課 　 　 　 과 | 放課 | 방과 | 하루에 하도록 정해진 학과를 끝냄

放課 　

공부할 **과** 　 丶 亠 ⼆ ⾔ ⾔ ⾔ ⾔ 訂 評 評 課 課 課

放映
방영

映 映 　 　 　 영 | 放映 | 방영 | 텔레비전으로 방송을 하는 일

放映 　

비칠 **영** 　 丨 ⼝ 日 日 旷 旷 映 映

放浪
방랑

浪 浪 　 　 　 랑 | 放浪 | 방랑 | 정한 곳 없이 이리저리 떠돌아다님

放浪 　

물결 **랑(낭)** 　 丶 丶 氵 氵 浪 浪 浪 浪 浪

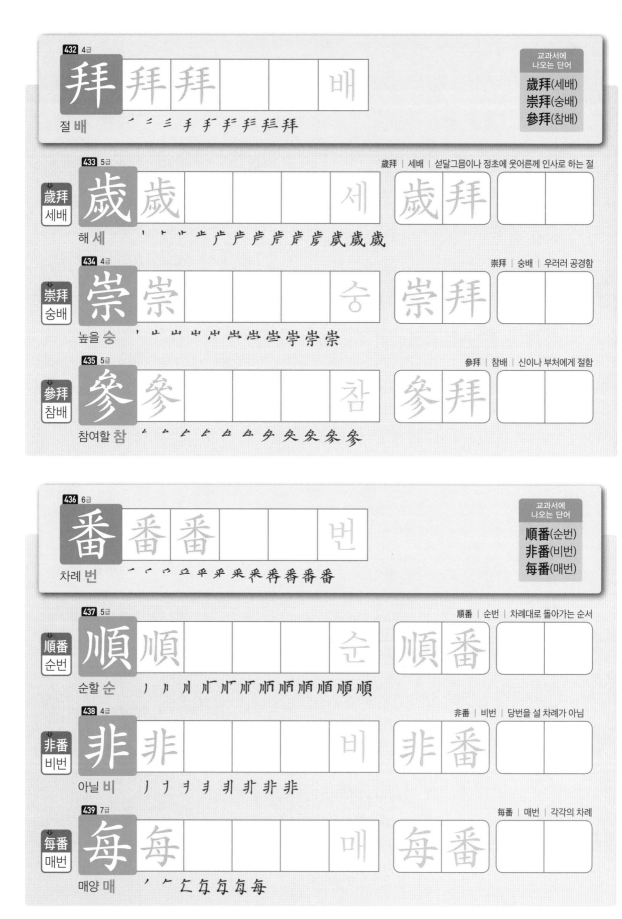

432 4급

拜 拜 拜 　 　 배

절 **배**　　ノ ノ ニ 三 手 手 手 手 拜 拜

교과서에
나오는 단어

歲拜(세배)
崇拜(숭배)
參拜(참배)

↓歲拜
세배

433 5급

歲 歲 　 　 　 세

해 **세**　　丿 ト 止 止 广 产 庐 庐 芹 芦 歲 歲 歲

歲拜 | 세배 | 섣달그믐이나 정초에 웃어른께 인사로 하는 절

歲 拜

↓崇拜
숭배

434 4급

崇 崇 　 　 　 숭

높을 **숭**　　丨 屮 屮 屮 屮 屵 崇 崇 崇 崇

崇拜 | 숭배 | 우러러 공경함

崇 拜

↓參拜
참배

435 5급

參 參 　 　 　 참

참여할 **참**　　ㄥ ㄥ ㄥ ㄥ ㅿ ㅿ 夳 夎 夎 參 參

參拜 | 참배 | 신이나 부처에게 절함

參 拜

436 6급

番 番 番 　 　 번

차례 **번**　　ノ ハ ㇆ 爫 平 采 采 采 番 番 番 番

교과서에
나오는 단어

順番(순번)
非番(비번)
每番(매번)

↓順番
순번

437 5급

順 順 　 　 　 순

순할 **순**　　丿 刂 刂 川 川 川 順 順 順 順 順 順

順番 | 순번 | 차례대로 돌아가는 순서

順 番

↓非番
비번

438 4급

非 非 　 　 　 비

아닐 **비**　　丿 丿 ㇀ 非 非 非 非 非

非番 | 비번 | 당번을 설 차례가 아님

非 番

↓每番
매번

439 7급

每 每 　 　 　 매

매양 **매**　　丿 ⺋ ㇆ 勽 每 每 每

每番 | 매번 | 각각의 차례

每 番

440 4급

罰

罰 罰 · 　 　 벌

벌할 **벌**　丶 冂 冂 罒 罒 罒 罚 罚 罸 罸 罰 罰 罰

교과서에
나오는 단어

刑罰(형벌)
重罰(중벌)
體罰(체벌)

刑罰
형벌

441 4급

刑

刑 　 　 　 형　　刑 罰 　

형벌 **형**　一 二 干 开 㓝 刑

刑罰 | 형벌 | 범죄에 대한 법률의 효과로서 국가 등이 범죄자에게 제재를 가함

重罰
중벌

442 7급

重

重 　 　 　 중　　重 罰 　

무거울 **중**, 아이 **동**　一 二 千 台 台 台 重 重

重罰 | 중벌 | 무겁게 벌함

體罰
체벌

443 6급

體

體 　 　 　 체　　體 罰 　

몸 **체**　丨 冂 冂 冂 丹 丹 骨 骨 骨 骨 骨 骨骨 骨刀 骨曲 骨曲 體 體 體 體 體 體 體

體罰 | 체벌 | 몸에 직접 고통을 주어 벌함

---

444 4급

犯

犯 犯 　 　 　 범

범할 **범**　丿 犭 犭 犯 犯

교과서에
나오는 단어

犯罪(범죄)
共犯(공범)
强力犯(강력범)

犯罪
범죄

445 5급

罪

罪 　 　 　 죄　　犯 罪 　

허물 **죄**　丶 冂 冂 罒 罒 罪 罪 罪 罪 罪 罪 罪

犯罪 | 범죄 | 법규를 어기고 저지른 잘못

共犯
공범

446 6급

共

共 　 　 　 공　　共 犯 　

한가지 **공**　一 十 卄 世 共 共

共犯 | 공범 | '공동 정범'을 줄여 이르는 말

强力犯
강력범

447 6급

强

强 　 　 강　　强 力 犯 　

강할 **강**　丨 弓 弓 弓 弓 弘 弘 弨 弨 强 强

强力犯 | 강력범 | 흉기나 폭력을 쓰는 범행

448 6급
服 服 服 　　　 복
옷 복　　ノ 刀 月 月 旫 肌 服 服

교과서에 나오는 단어
降服(항복)
歎服(탄복)
服用(복용)

449 6급
服用
복용
用 用 　　　　 용　　服 用 　　
쓸 용　　ノ 刀 月 月 用

服用 | 복용 | 약을 먹음

450 8급
父 父 父 　　　 부
아버지 부　　ノ ハ グ 父

교과서에 나오는 단어
伯父(백부)
父子(부자)
淑夫(숙부)

451 7급
父子
부자
子 子 　　　　 자
아들 자　　了 了 子

父子 | 부자 | 아버지와 아들을 함께 이르는 말
父子 　　

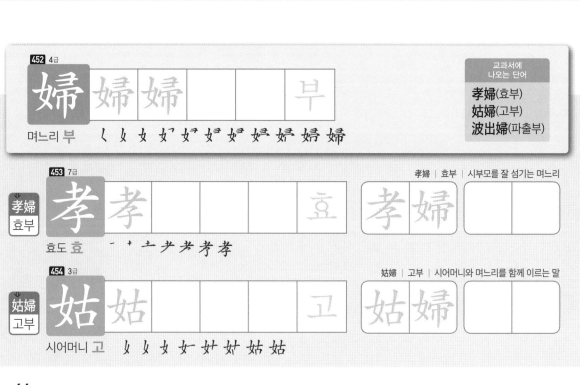

452 4급
婦 婦 婦 　　　 부
며느리 부　　く タ 女 女゛ 女゠ 女゠ 妇゠ 妒゠ 娇 婦 婦

교과서에 나오는 단어
孝婦(효부)
姑婦(고부)
波出婦(파출부)

453 7급
孝婦
효부
孝 孝 　　　　 효
효도 효　　一 十 土 少 耂 考 孝

孝婦 | 효부 | 시부모를 잘 섬기는 며느리
孝 婦 　　

454 3급
姑婦
고부
姑 姑 　　　　 고
시어머니 고　　タ タ 女 女 妆 妒 姑 姑

姑婦 | 고부 | 시어머니와 며느리를 함께 이르는 말
姑 婦

455 4급

飛 飛 飛　　　비

날 **비**　　乙 飞 飞 飞 飞 飛 飛 飛 飛

교과서에
나오는 단어

飛上(비상)
飛行(비행)
飛行機(비행기)

飛上
비상　飛 上

飛上 | 비상 | 높이 날아오름

上 ☞16p 066

飛行
비행　飛 行

飛行 | 비행 | 공중으로 날아가거나 날아다님

行 ☞13p 047

456 4급

貧 貧 貧　　　빈

가난할 **빈**　　丿 八 分 分 分 分 分 貧 貧 貧 貧

교과서에
나오는 단어

貧困(빈곤)
耐貧(내빈)
貧益貧(빈익빈)

貧益貧
빈익빈

457 4급

益 益　　익　　貧 益 貧

더할 **익**　　丿 八 公 分 分 代 谷 谷 益 益

貧益貧 | 빈익빈 | 가난할수록 더욱 가난해짐

458 8급

四 四 四　　　사

넉 **사**　　丨 冂 四 四 四

교과서에
나오는 단어

四季(사계)
四寸(사촌)
四君子(사군자)

459 4급

四季
사계

季 季　　　　계

계절 **계**　　一 二 千 千 禾 禾 季 季

四季 | 사계 | 봄·여름·가을·겨울의 네 계절

四 季

460 8급

四寸
사촌

寸 寸　　　　촌

마디 **촌**　　一 寸 寸

四寸 | 사촌 | 아버지의 친형제 자매의 아들이나 딸과의 촌수

四 寸

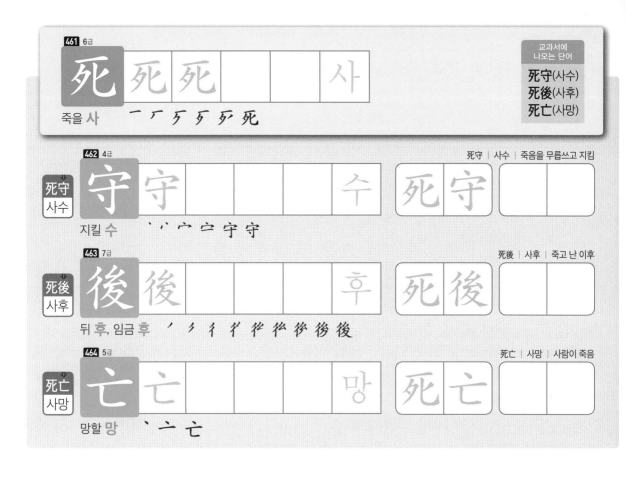

461 6급
死 死 死　　　 사
죽을 **사**　一 厂 歹 歹 歹 死

死守
사수
462 4급
守 守　　　　 수
지킬 **수**　丶 丶 宀 宀 守 守

死守 | 사수 | 죽음을 무릅쓰고 지킴
死守

死後
사후
463 7급
後 後　　　　 후
뒤 후, 임금 **후**　丿 ク 彳 彳 彳 役 役 後 後

死後 | 사후 | 죽고 난 이후
死後

死亡
사망
464 5급
亡 亡　　　　 망
망할 **망**　丶 亠 亡

死亡 | 사망 | 사람이 죽음
死亡

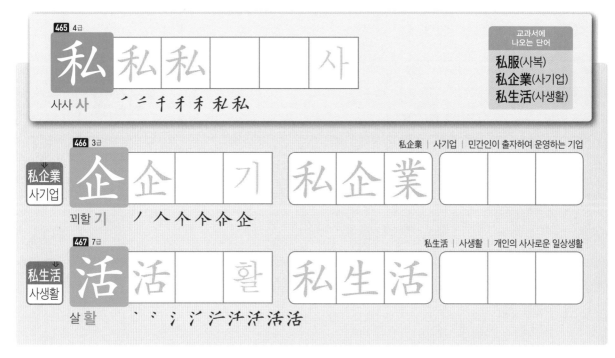

465 4급
私 私 私　　　 사
사사 **사**　丿 二 千 禾 禾 私 私

私企業
사기업
466 3급
企 企　　 기
꾀할 **기**　丿 人 仐 仐 企 企

私企業 | 사기업 | 민간인이 출자하여 운영하는 기업
私企業

私生活
사생활
467 7급
活 活　　 활
살 **활**　丶 丶 氵 氵 汗 汗 活 活 活

私生活 | 사생활 | 개인의 사사로운 일상생활
私生活

468 6급

使　使使　　　　사

하여금 **사**　ノ亻亻亻亻仁仁使使

大使 | 대사 | 나라를 대표하여 다른 나라에 파견되어 외교를 맡아보는 최고 직급

大使　大使　　　　　　　　　　　　大 ☞37p 237

469 5급

思　思思　　　　사

생각 **사**　丶口曰田田思思思思

6
일
차

470 5급　　　　　　　　　　　　思考 | 사고 | 생각하고 고민함

思考
사고　考　考　　　　　고　思考

생각할 **고**　一十土耂老考

471 4급　　　　　　　　　　　　深思 | 심사 | 깊이 생각함

深思
심사　深　深　　　　　심　深思

깊을 **심**　丶丶氵氵汀沪沪涇浑深深

472 5급

寫　寫寫　　　　사

베낄 **사**　丶丶宀宀宀宀宁宁宫宫宫寫寫寫寫寫

473 4급　　　寫眞 | 사진 | 물체의 형상을 감광막 위에 나타나도록 찍어 오랫동안 보존할 수 있게 만든 영상

寫眞
사진　眞　眞　　　　　진　寫眞

참 **진**　一十匕匕匕卣卣直眞眞

474 4급　　　　　　　　　　　　寫眞機 | 사진기 | 사진을 찍는 기계

寫眞機
사진기　機　機　　기　寫眞機

틀 **기**　一十才才杉杉杉杉杉栏栏桦機機機

475 5급

相　相　相　　　　　상

서로 **상**　一　十　才　木　**相**　**相**　**相**　**相**　**相**

교과서에 나오는 단어
相互(상호)
人相(인상)
色相(색상)

476 8급

人相
인상

人　人　　　　　인

사람 **인**　丿　人

人相 | 인상 | 사람 얼굴의 생김새

人相

477 7급

色相
색상

色　色　　　　　색

빛 **색**　丿　夕　夕　夕　色　色

色相 | 색상 | 빨강, 노랑 파랑 등 색 자체가 갖는 고유의 특성

色相

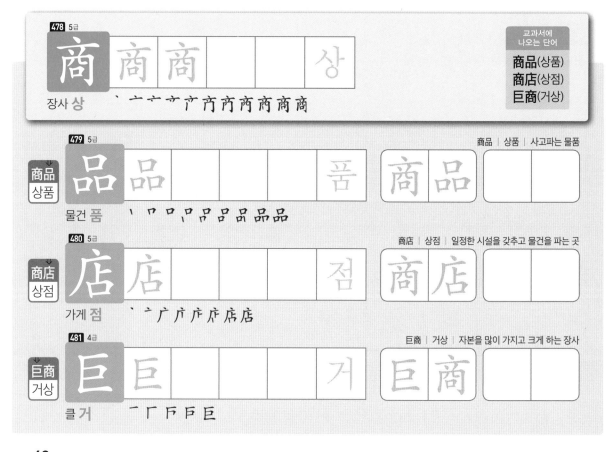

478 5급

商　商　商　　　　　상

장사 **상**　丶　亠　立　产　产　产　商　商　商　商

교과서에 나오는 단어
商品(상품)
商店(상점)
巨商(거상)

479 5급

商品
상품

品　品　　　　　품

물건 **품**　丶　口　口　口　무　무　品　品　品

商品 | 상품 | 사고파는 물품

商品

480 5급

商店
상점

店　店　　　　　점

가게 **점**　丶　亠　广　广　庐　庐　店　店

商店 | 상점 | 일정한 시설을 갖추고 물건을 파는 곳

商店

481 4급

巨商
거상

巨　巨　　　　　거

클 **거**　一　丆　斤　斤　巨

巨商 | 거상 | 자본을 많이 가지고 크게 하는 장사

巨商

482 5급

序

차례 **서**

丶亠广序序庈序

교과서에
나오는 단어

序頭(서두)
順序(순서)
序文(서문)

序頭
서두

序頭 | 서두 | 일이나 말의 첫머리

序頭

頭 ☞42p **277**

順序
순서

順序 | 순서 | 정해진 기준에서 말하는 전후, 좌우, 상하 등의 차례 관계

順序

順 ☞62p **437**

483 7급

夕

저녁 **석**

丿クタ

교과서에
나오는 단어

夕陽(석양)
秋夕(추석)
夕刊(석간)

484 5급

夕陽
석양

陽

볕 **양**

フ了了阝阝阝阝阝阳阳阳陽陽

夕陽 | 석양 | 저녁 때의 햇빛

夕陽

485 6급

秋夕
추석

秋

가을 **추**

丶二千千禾禾禾秒秋

秋夕 | 추석 | 우리나라 명절의 하나로, 음력 팔월 보름날

秋夕

486 7급

西

서녘 **서**

一一一币两西西

교과서에
나오는 단어

西海岸(서해안)
西洋(서양)
西便(서편)

西海岸
서해안

西海岸 | 서해안 | 서쪽에 있는 해안

西海岸

海 ☞26p **146**

岸 언덕 안

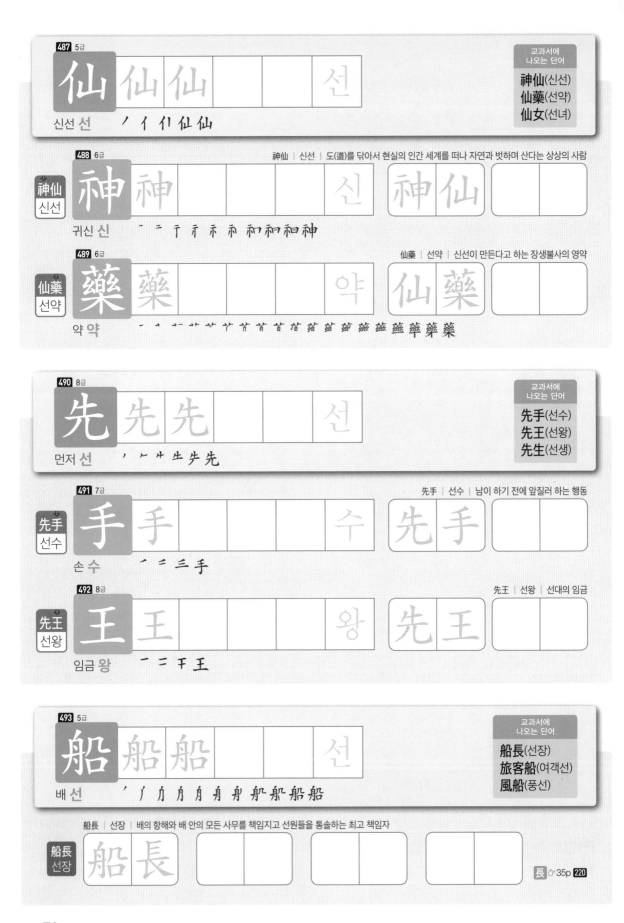

487 5급

仙 仙 仙 │ │ │ 선

신선 **선**   ノ イ 仆 仙 仙

교과서에 나오는 단어
神仙(신선)
仙藥(선약)
仙女(선녀)

神仙 │ 신선 │ 도(道)를 닦아서 현실의 인간 세계를 떠나 자연과 벗하며 산다는 상상의 사람

488 6급

神仙
신선

神 神 │ │ │ 신 │ 神仙 │

귀신 **신**   ˋ ᐟ ᐟ 亍 禾 禾 和 和 和 神

仙藥 │ 선약 │ 신선이 만든다고 하는 장생불사의 영약

489 6급

仙藥
선약

藥 藥 │ │ │ 약 │ 仙藥 │

약 **약**   一 丷 一 丱 芇 艼 芇 笋 節 芮 葯 荮 荮 茐 茐 茐 蔛 蔛 藥 藥

490 8급

先 先 先 │ │ │ 선

먼저 **선**   ノ 广 丷 生 失 先

교과서에 나오는 단어
先手(선수)
先王(선왕)
先生(선생)

先手 │ 선수 │ 남이 하기 전에 앞질러 하는 행동

491 7급

先手
선수

手 手 │ │ │ 수 │ 先手 │

손 **수**   ˊ 一 三 手

先王 │ 선왕 │ 선대의 임금

492 8급

先王
선왕

王 王 │ │ │ 왕 │ 先王 │

임금 **왕**   一 二 干 王

493 5급

船 船 船 │ │ │ 선

배 **선**   ˊ 丿 丿 月 月 角 身 舟 舮 舩 船 船

교과서에 나오는 단어
船長(선장)
旅客船(여객선)
風船(풍선)

船長 │ 선장 │ 배의 항해와 배 안의 모든 사무를 책임지고 선원들을 통솔하는 최고 책임자

船長
선장

船 長 │ │ │ │ │

長 ☞35p **220**

494 6급

雪 설

눈 설

一 厂 戶 币 兩 兩 雨 雪 雪 雪

교과서에
나오는 단어
雪景(설경)
萬年雪(만년설)
白雪(백설)

495 5급

雪景
설경

景 경

볕 경

丶 口 口 日 旦 旦 몯 몲 몱 景 景

雪景 | 설경 | 눈이 내리거나 눈이 쌓인 경치

雪景

496 8급

萬年雪
만년설

萬 만

일 만 만

一 十 サ サ 艹 芦 芦 苩 苩 萬 萬 萬 萬

萬年雪 | 만년설 | 아주 추운 지방이나 높은 산지에 언제나 녹지 않고 쌓여 있는 눈

萬年雪

497 6급

成 성

이룰 성

丿 厂 厂 成 成 成 成

교과서에
나오는 단어
成人(성인)
成長(성장)
成蟲(성충)

498 4급

成蟲
성충

蟲 충

벌레 충

丶 口 口 中 虫 虫 虫 蛊 蛊 蛊 蟲 蟲 蟲 蟲 蟲 蟲 蟲 蟲 蟲

成蟲 | 성충 | 다 자라서 생식 능력이 있는 곤충

成蟲

499 8급

小 소

작을 소

丿 小 小

교과서에
나오는 단어
小行星(소행성)
小數(소수)
小食(소식)

500 4급

小行星
소행성

星 성

별 성

丿 口 口 日 戶 戸 星 星 星

小行星 | 소행성 | 태양의 둘레를 공전하는 작은 행성

小行星

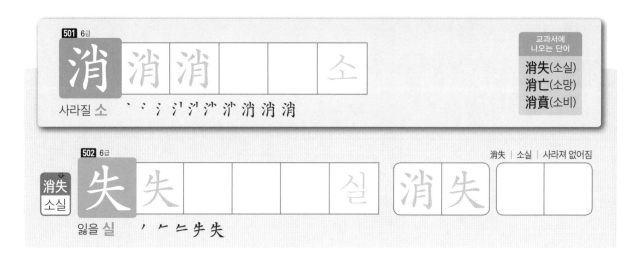

501 6급
消 消 消　　　　소
사라질 소　ヽ ヽ ⅋ ⅋ ⅋ ⅋ 消 消 消

교과서에 나오는 단어
消失(소실)
消亡(소망)
消費(소비)

502 6급
消失
소실
失 失　　　　실
잃을 실　ノ ﾉ 二 失 失

消失 │ 소실 │ 사라져 없어짐
消失

503 5급
束 束　　　　속
묶을 속　ヽ ﾉ 一 日 申 束 束

교과서에 나오는 단어
結束(결속)
拘束(구속)
約束(약속)

504 3급
拘束
구속
拘 拘　　　　구
잡을 구　一 十 オ ォ ォ 拘 拘 拘

拘束 │ 구속 │ 행동이나 의사의 자유를 제한하거나 속박함
拘束

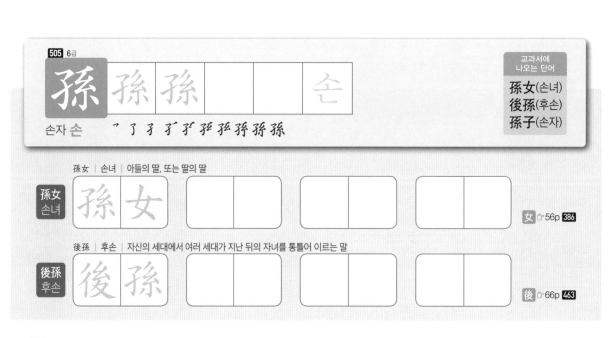

505 6급
孫 孫　　　　손
손자 손　了 了 孑 孑 孑 孫 孫 孫 孫 孫

교과서에 나오는 단어
孫女(손녀)
後孫(후손)
孫子(손자)

孫女 │ 손녀 │ 아들의 딸, 또는 딸의 딸
孫女
女 56p **386**

孫女
손녀

後孫 │ 후손 │ 자신의 세대에서 여러 세대가 지난 뒤의 자녀를 통틀어 이르는 말
後孫
後 66p **463**

後孫
후손

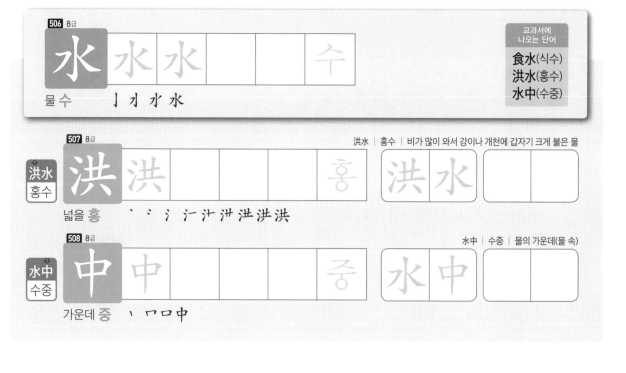

506 8급

水

물 수　　亅 刁 水 水

水 水　　　　　　수

교과서에
나오는 단어
食水(식수)
洪水(홍수)
水中(수중)

洪水
홍수

507 8급

洪

넓을 홍　　丶 冫 冫 冫 汁 汁 洪 洪 洪

洪　　　　　　홍

洪水｜홍수｜비가 많이 와서 강이나 개천에 갑자기 크게 불은 물

洪 水

水中
수중

508 8급

中

가운데 중　　丨 口 口 中

中　　　　　　중

水中｜수중｜물의 가운데(물 속)

水 中

7
일
차

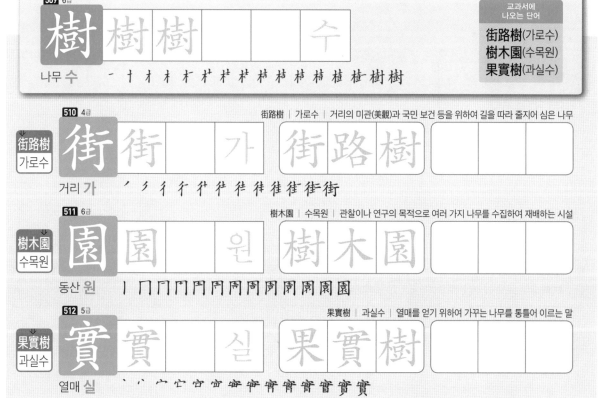

509 6급

樹

나무 수　　一 十 十 才 木 木 栌 栌 桔 桔 桔 桔 椈 椈 樹 樹

樹 樹　　　　　　수

교과서에
나오는 단어
街路樹(가로수)
樹木園(수목원)
果實樹(과실수)

街路樹
가로수

510 4급

街

거리 가　　丶 彳 彳 彳 彳 徉 徉 徉 街 街 街 街

街　　　　가

街路樹｜가로수｜거리의 미관(美觀)과 국민 보건 등을 위하여 길을 따라 줄지어 심은 나무

街 路 樹

樹木園
수목원

511 6급

園

동산 원　　丨 冂 冂 門 門 門 周 周 周 周 園 園 園

園　　　　원

樹木園｜수목원｜관찰이나 연구의 목적으로 여러 가지 나무를 수집하여 재배하는 시설

樹 木 園

果實樹
과실수

512 5급

實

열매 실　　丶 宀 宀 宀 宀 宀 宇 宇 寍 寍 窖 窖 實 實

實　　　　실

果實樹｜과실수｜열매를 얻기 위하여 가꾸는 나무를 통틀어 이르는 말

果 實 樹

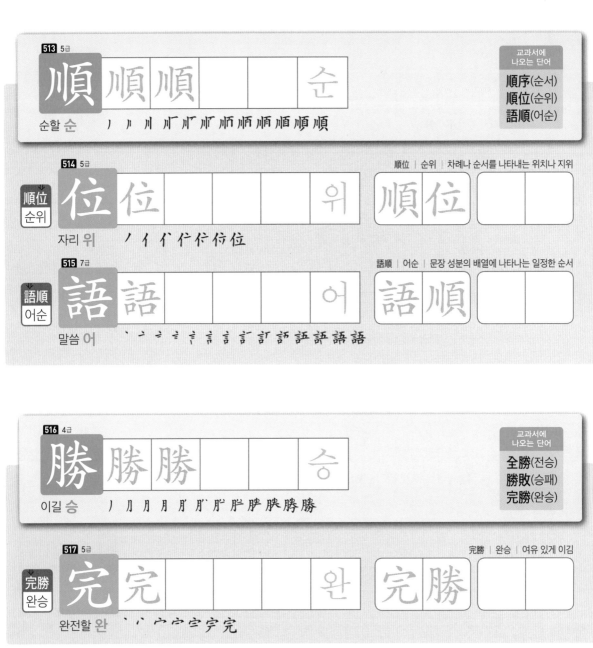

513 5급

順 順 順　　　　순

순할 순　ノ 刂 刂 刂 刂 刂 刂 順 順 順 順 順

교과서에 나오는 단어

順序(순서)
順位(순위)
語順(어순)

514 5급

順位
순위

位 位　　　　위

자리 위　ノ 亻 亻 亻 佇 佇 位

順位 | 순위 | 차례나 순서를 나타내는 위치나 지위

順 位

515 7급

語順
어순

語 語　　　　어

말씀 어　丶 亠 亖 言 言 言 言 訂 訐 訐 語 語 語 語

語順 | 어순 | 문장 성분의 배열에 나타나는 일정한 순서

語 順

516 4급

勝 勝 勝　　　　승

이길 승　ノ 刀 月 月 月 肝 肝 肝 胖 胖 勝 勝

교과서에 나오는 단어

全勝(전승)
勝敗(승패)
完勝(완승)

517 5급

完勝
완승

完 完　　　　완

완전할 완　丶 宀 宀 宀 宁 宇 完

完勝 | 완승 | 여유 있게 이김

完 勝

518 6급

始 始 始　　　　시

비로소 시　く 女 女 女 女 女 始 始

교과서에 나오는 단어

始作(시작)
開始(개시)
始動(시동)

始作 | 시작 | 어떤 일이나 행동의 처음 단계를 이루거나 그렇게 하게 함

始作
시작

始 作

作 ☞8p **008**

74

519 7급

時　時 時　　　　　시

교과서에 나오는 단어
當時(당시)
時期(시기)
日時(일시)

때 시　丨 冂 日 日 旷 旷 旿 時 時

日時 | 일시 | 날짜와 시간을 함께 이르는 말

日時
일시

日 時

日 ☞28p 163

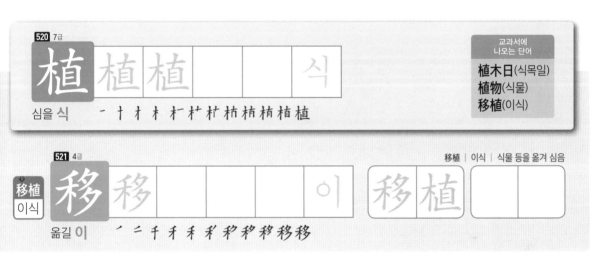

520 7급

植　植 植　　　　　식

교과서에 나오는 단어
植木日(식목일)
植物(식물)
移植(이식)

심을 식　一 十 才 木 术 朾 朾 柿 柿 植 植

移植
이식

521 4급

移　移　　　　　이

옮길 이　丿 二 千 禾 禾 禾 矛 矛 移 移 移

移植 | 이식 | 식물 등을 옮겨 심음

移 植

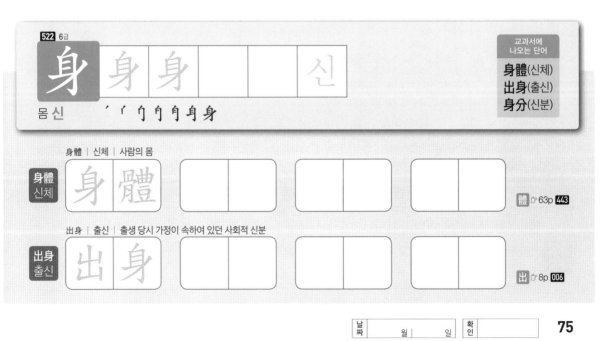

522 6급

身　身 身　　　　신

교과서에 나오는 단어
身體(신체)
出身(출신)
身分(신분)

몸 신　丿 冂 冂 冂 自 身 身

身體 | 신체 | 사람의 몸

身體
신체

身 體

體 ☞63p 443

出身 | 출신 | 출생 당시 가정이 속하여 있던 사회적 신분

出身
출신

出 身

出 ☞8p 006

7
일
차

523 5급

兒 兒 兒 　　 아

아이 **아**　　ノ ィ ｆ 臼 臼 白 兒 兒

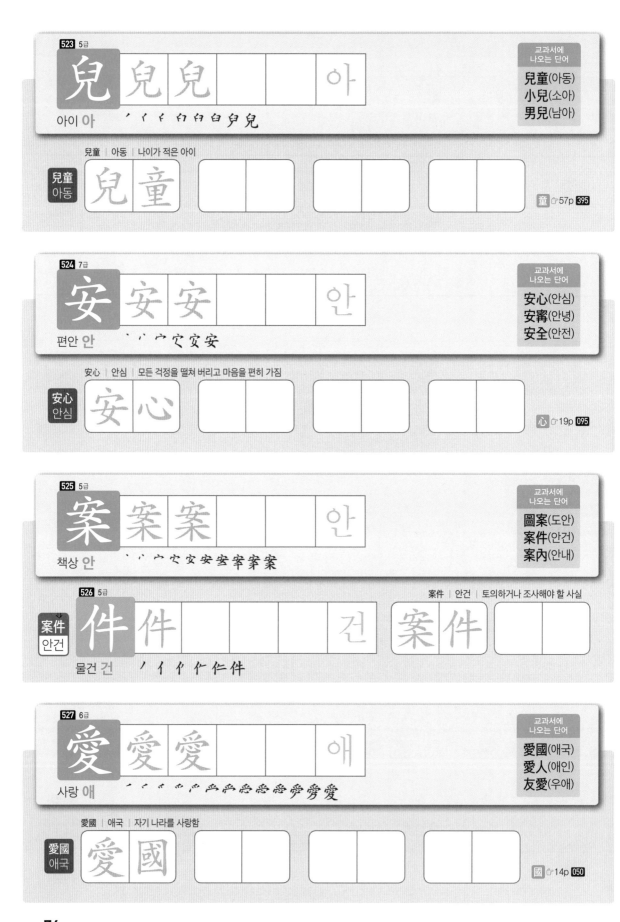

교과서에
나오는 단어

兒童(아동)
小兒(소아)
男兒(남아)

兒童 ｜ 아동 ｜ 나이가 적은 아이

兒童
아동　兒 童 　　　　　　　

童 ⇨57p **395**

---

524 7급

安 安 安 　　 안

편안 **안**　　ヽ ゙ 宀 ゙ 安 安

교과서에
나오는 단어

安心(안심)
安寧(안녕)
安全(안전)

安心 ｜ 안심 ｜ 모든 걱정을 떨쳐 버리고 마음을 편히 가짐

安心
안심　安 心 　　　　　　　

心 ⇨19p **095**

---

525 5급

案 案 案 　　 안

책상 **안**　　ヽ ゙ 宀 ゙ 安 安 安 宰 安 案

교과서에
나오는 단어

圖案(도안)
案件(안건)
案內(안내)

526 5급

案件
안건　件 件 　　 건 　案 件 　

물건 **건**　　ノ ィ ｆ 仁 仁 件

案件 ｜ 안건 ｜ 토의하거나 조사해야 할 사실

---

527 6급

愛 愛 愛 　　 애

사랑 **애**　　ヽ ゛ ゛ ゜ ゜ ﾉﾟ ﾋﾟ 愛 愛 愛 愛 愛 愛 愛

교과서에
나오는 단어

愛國(애국)
愛人(애인)
友愛(우애)

愛國 ｜ 애국 ｜ 자기 나라를 사랑함

愛國
애국　愛 國 　　　　　　　

國 ⇨14p **050**

528 5급

養 養養　　　양

기를 양

`　丶　丷　丷　半　半　羊　美　美　美　养　养　养　養　養`

교과서에 나오는 단어

入養(입양)
養分(양분)
素養(소양)

入養 | 입양 | 양자로 들어감

入養
입양

入養

入 들 입

---

529 5급

漁 漁漁　　　어

고기잡을 어

`丶　丶　氵　氵　氵　氵　氵　沪　沪　渔　渔　渔　渔　漁`

교과서에 나오는 단어

漁夫(어부)
漁獲(어획)
漁船(어선)

漁夫 | 어부 | 물고기 잡는 일이 직업인 사람

漁夫
어부

漁夫

夫 ⇨ 33p 208

---

530 5급

億 億億　　　억

억 억

`ノ　イ　ゲ　俨　俨　俨　伫　伫　倍　倍　倍　億　億　億`

교과서에 나오는 단어

百億(백억)
千億(천억)
數億(수억)

百億 | 백억 | 억이 백 개인 수

百億
백억

百億

百 일백 백

---

531 6급

言 言言　　　언

말씀 언

`丶　一　一　一　一　一　言`

교과서에 나오는 단어

言語(언어)
言行(언행)
助言(조언)

言語 | 언어 | 생각, 느낌 등을 나타내거나 전달하는 데 쓰는 음성

言語
언어

言語

語 ⇨ 74p 515

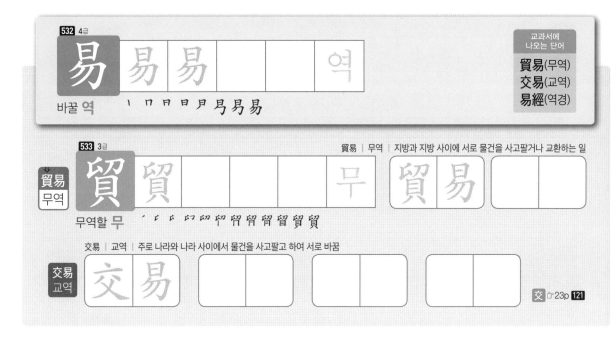

532 4급

易　易　易　　　　역

바꿀 역　　丶 冂 冂 日 尸 圥 圥 易

교과서에 나오는 단어
貿易(무역)
交易(교역)
易經(역경)

533 3급

貿易
무역

貿　貿　　　　　　무

貿易　│　무역　│　지방과 지방 사이에 서로 물건을 사고팔거나 교환하는 일

貿易

무역할 무　　丶 亠 午 午 卯 卯 卯 卯 留 留 貿 貿

交易
교역

交易　│　교역　│　주로 나라와 나라 사이에서 물건을 사고팔고 하여 서로 바꿈

交易

交 ⇧23p 121

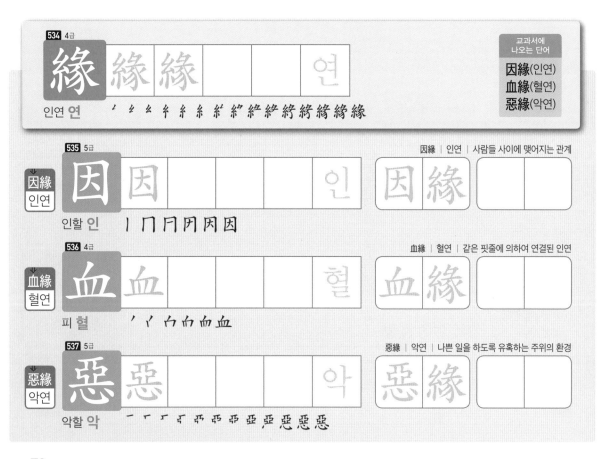

534 4급

緣　緣　緣　　　　연

인연 연　　丶 纟 纟 纟 糸 糸 糸 紓 紓 絆 絡 絡 緣 緣

교과서에 나오는 단어
因緣(인연)
血緣(혈연)
惡緣(악연)

535 5급

因緣
인연

因　因　　　　　인

因緣　│　인연　│　사람들 사이에 맺어지는 관계

因　緣

인할 인　　丨 冂 冂 因 因 因

536 4급

血緣
혈연

血　血　　　　　혈

血緣　│　혈연　│　같은 핏줄에 의하여 연결된 인연

血　緣

피 혈　　丿 亠 亇 血 血 血

537 5급

惡緣
악연

惡　惡　　　　　악

惡緣　│　악연　│　나쁜 일을 하도록 유혹하는 주위의 환경

惡　緣

악할 악　　一 丆 亓 亓 푬 푬 푬 亞 亞 惡 惡 惡

538 5급

葉 葉葉　　　엽

잎 엽　　一 十 卄 廿 苎 芷 芷 苺 苺 莖 葉 葉

교과서에
나오는 단어

葉綠素(엽록소)
葉錢(엽전)
葉書(엽서)

葉書 | 엽서 | 규격을 한정하고 우편 요금을 냈다는 표시로 증표(證標)를 인쇄한 편지 용지

葉書
엽서　葉書

書 ⇨29p **175**

539 6급

永 永永　　　영

길 영　　` 丁 永 永 永

교과서에
나오는 단어

永生(영생)
永世(영세)
永遠(영원)

永世 | 영세 | 오랜 세월이나 세대

永世
영세　永世

世 ⇨17p **079**

540 6급

英 英英　　　영

꽃부리 영　　一 十 卄 艹 艹 芑 苎 莁 英

교과서에
나오는 단어

英作(영작)
英國(영국)
英才(영재)

英國 | 영국 | 유럽 서부 대서양 가운데 있는 입헌군주국

英國
영국　英國

國 ⇨14p **050**

541 4급

營 營營　　　영

경영할 영　　` ` ⺍ ⺌ ⺌ ⺌ 炒 炒 炒 炒 炒 炒 炒 炒 營 營 營

교과서에
나오는 단어

營業(영업)
野營(야영)
經營(경영)

野營 | 야영 | 밖에 천막을 치고 생활하는 것

野營
야영　野營

野 ⇨22p **119**

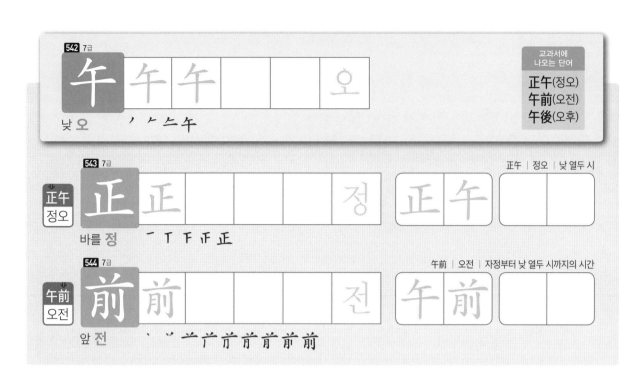

542 7급

午 | 午 | 午 | | | 오

낮 오　　ノ 𠂉 ㇗ 午

교과서에 나오는 단어
正午(정오)
午前(오전)
午後(오후)

正午
정오

543 7급

正 | 正 | | | | 정

바를 정　　一 丁 下 正 正

正午 | 정오 | 낮 열두 시

正午 | |

午前
오전

544 7급

前 | 前 | | | | 전

앞 전　　丶 丷 丷 广 广 芀 前 前 前

午前 | 오전 | 자정부터 낮 열두 시까지의 시간

午前 | |

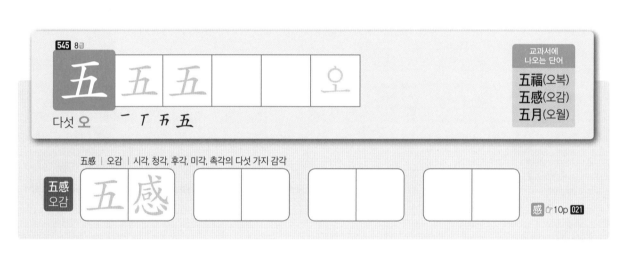

545 8급

五 | 五 | 五 | | | 오

다섯 오　　一 丁 五 五

교과서에 나오는 단어
五福(오복)
五感(오감)
五月(오월)

五感
오감

五感 | 오감 | 시각, 청각, 후각, 미각, 촉각의 다섯 가지 감각

五感 | | | | | |

感 ☞10p **021**

546 5급

屋 | 屋 | 屋 | | | 옥

집 옥　　フ コ 尸 尸 戻 层 层 屋 屋

교과서에 나오는 단어
家屋(가옥)
社屋(사옥)
屋上(옥상)

家屋
가옥

家屋 | 가옥 | 사람이 사는 집

家屋 | | | | | |

家 ☞8p **005**

547 4급

往
갈 왕

往 往

왕

丶 ⺈ 彳 彳 彳 狳 狳 往 往

說往說來(설왕설래)
往來(왕래)
往復(왕복)

往來
왕래

往來 | 왕래 | 가고 오고 함

往 來

來 ☞13p **042**

548 5급

曜
빛날 요

曜 曜

요

丨 冂 日 日 日⁷ 日⁷ 日⁷¹ 日⁷³ 日⁷³ 昍⁷³ 昍⁷³ 昍⁷³ 曜 曜 曜

曜日(요일)
土曜日(토요일)
火曜日(화요일)

曜日
요일

曜日 | 요일 | 일주일의 각 날을 이르는 말

曜 日

日 ☞28p **163**

549 5급

浴
목욕할 욕

浴 浴

욕

丶 冫 冫 氵 氵 汄 汄 浴 浴 浴

浴室(욕실)
日光浴(일광욕)
海水浴(해수욕)

日光浴
일광욕

日光浴 | 일광욕 | 치료나 건강을 위하여 온몸을 드러내고 햇빛을 쬠

日 光 浴

日 ☞28p **163**
光 빛 광

550 6급

勇
날랠 용

勇 勇

용

⺈ ⺈ ⺀ 丙 丙 丙 甬 勇 勇

義勇軍(의용군)
勇士(용사)
勇氣(용기)

勇士
용사

勇士 | 용사 | 용맹스러운 사람

勇 士

士 ☞47p **320**

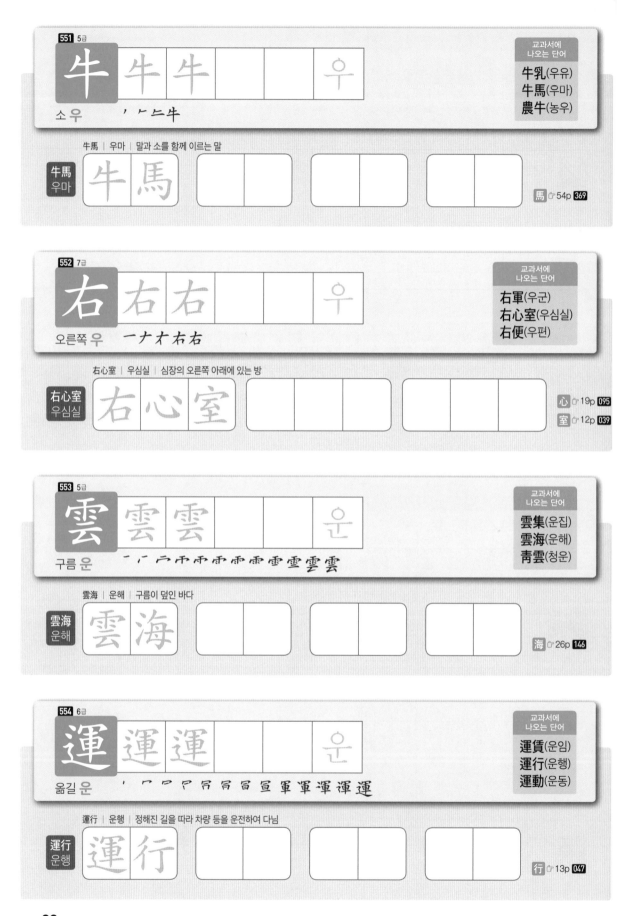

551 5급

牛 牛 牛 　 　 우

소 우 　 ノ 亠 二 牛

교과서에 나오는 단어
牛乳(우유)
牛馬(우마)
農牛(농우)

牛馬
우마
牛馬 ｜ 우마 ｜ 말과 소를 함께 이르는 말

牛 馬

馬 ☞54p **369**

552 7급

右 右 右 　 　 우

오른쪽 우 　 一 ナ オ 右 右

교과서에 나오는 단어
右軍(우군)
右心室(우심실)
右便(우편)

右心室
우심실
右心室 ｜ 우심실 ｜ 심장의 오른쪽 아래에 있는 방

右 心 室

心 ☞19p **095**
室 ☞12p **039**

553 5급

雲 雲 雲 　 　 운

구름 운 　 一 ｢ ｢ 戸 雨 雨 雨 雪 雪 雲 雲 雲

교과서에 나오는 단어
雲集(운집)
雲海(운해)
靑雲(청운)

雲海
운해
雲海 ｜ 운해 ｜ 구름이 덮인 바다

雲 海

海 ☞26p **146**

554 6급

運 運 運 　 　 운

옮길 운 　 ｀ ｢ ｢ 戸 戸 早 冒 盲 軍 軍 渾 運 運

교과서에 나오는 단어
運賃(운임)
運行(운행)
運動(운동)

運行
운행
運行 ｜ 운행 ｜ 정해진 길을 따라 차량 등을 운전하여 다님

運 行

行 ☞13p **047**

555 5급

雄 雄 雄 　 　 웅

수컷 웅　一 ナ 左 左 疒 疒 疒 疒 雄 雄 雄

교과서에
나오는 단어
雄大(웅대)
雄壯(웅장)
英雄(영웅)

雄大 | 웅대 | 웅장하고 큼

雄大
웅대　雄 大

大 ⇨37p **237**

556 5급

元 元 元 　 　 원

으뜸 원　一 二 丆 元

교과서에
나오는 단어
復元(복원)
元金(원금)
元祖(원조)

元金 | 원금 | '본전'을 전문적으로 이르는 말

元金
원금　元 金

金 ⇨51p **351**

557 5급

院 院 院 　 　 원

집 원　フ ヲ ⻖ ⻖ ⻖ ⻖ 陀 陀 陀 陀 院

교과서에
나오는 단어
法院(법원)
入院(입원)
開院(개원)

開院 | 개원 | 병원이나 학원 등의 기관을 세워 처음으로 일을 시작함

開院
개원　開 院

開 ⇨12p **033**

558 5급

願 願 願 　 　 원

원할 원　一 厂 厂 厂 斤 所 所 盾 盾 原 原 原 原 願 願 願 願 願

교과서에
나오는 단어
自願(자원)
所願(소원)
祈願(기원)

所願 | 소원 | 어떤 일이 이루어지기를 바람

所願
소원　所 願

所 ⇨57p **398**

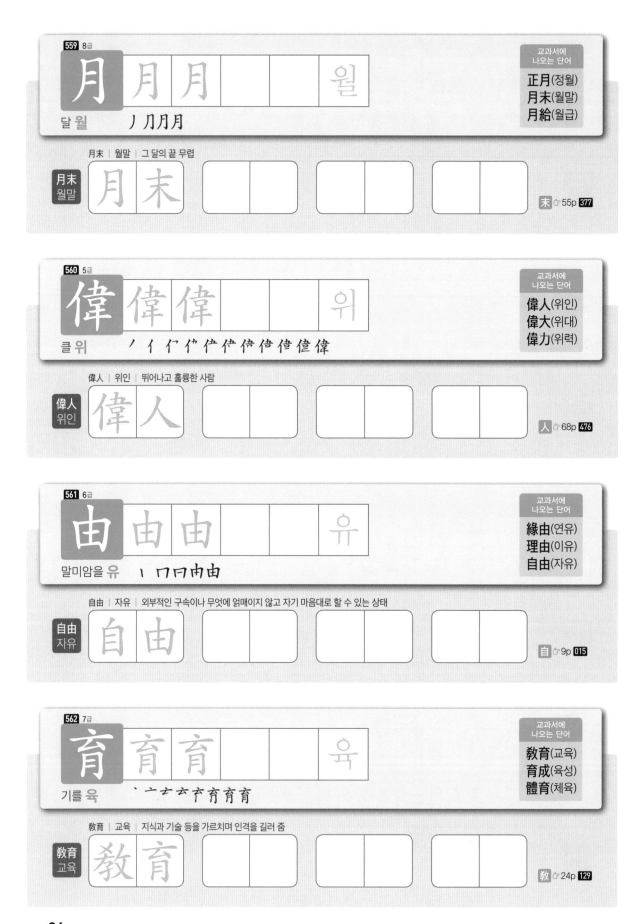

559 8급

月　月　月　　　　　월

달 월　　ノ 刀 月 月

교과서에 나오는 단어
正月(정월)
月末(월말)
月給(월급)

月末
월말　　月末 | 월말 | 그 달의 끝 무렵

月 末

末 ☞55p **377**

560 5급

偉　偉　偉　　　　　위

클 위　　ノ 亻 亻 亻 俨 俨 倍 倍 偉 偉

교과서에 나오는 단어
偉人(위인)
偉大(위대)
偉力(위력)

偉人
위인　　偉人 | 위인 | 뛰어나고 훌륭한 사람

偉 人

人 ☞68p **476**

561 6급

由　由　由　　　　　유

말미암을 유　　ノ 冂 曰 由 由

교과서에 나오는 단어
緣由(연유)
理由(이유)
自由(자유)

自由
자유　　自由 | 자유 | 외부적인 구속이나 무엇에 얽매이지 않고 자기 마음대로 할 수 있는 상태

自 由

自 ☞9p **015**

562 7급

育　育　育　　　　　육

기를 육　　　亠 云 产 育 育 育

교과서에 나오는 단어
敎育(교육)
育成(육성)
體育(체육)

敎育
교육　　敎育 | 교육 | 지식과 기술 등을 가르치며 인격을 길러 줌

敎 育

敎 ☞24p **129**

563 6급

銀 銀 銀 　 　 은

은은

丿 𠂉 𠂉 ⺉ 牟 余 余 金 釒 釘 鉅 鉅 鈤 銀

교과서에
나오는 단어

水銀(수은)
金銀房(금은방)
銀行長(은행장)

水銀 | 수은 | 상온에서 유일하게 액체 상태로 있는 은백색의 금속 원소

水銀
수은

水 銀

水 ⇧73p 506

564 6급

飮 飮 飮 　 　 음

마실 음

丿 𠂉 𠂉 牟 余 余 食 食 食 飠 飮 飮 飮

교과서에
나오는 단어

飮福(음복)
食飮(식음)
飮料(음료)

飮料 | 음료 | 사람이 마실 수 있도록 만든 액체를 통틀어 이르는 말

飮料
음료

飮 料

料 ⇧51p 349

565 7급

邑 邑 邑 　 　 읍

고을 읍

丨 冂 冂 므 吕 吕 邑

교과서에
나오는 단어

小邑(소읍)
邑內(읍내)
都邑(도읍)

邑內 | 읍내 | 읍의 구역 안

邑內
읍내

邑 內

內 ⇧32p 197

566 6급

醫 醫 醫 　 　 의

의원 의

一 厂 厂 三 写 写 医 医 医 殹 殹 毉 醫 醫 醫 醫 醫

교과서에
나오는 단어

名醫(명의)
醫術(의술)
醫師(의사)

名醫 | 명의 | 병을 잘 고쳐 이름난 의원이나 의사

名醫
명의

名 醫

名 ⇧11p 032

8
일
차

567 5급

以 以 以 　 이

써 이 ㅣ ㄴ 以 以 以

교과서에
나오는 단어
以來(이래)
以前(이전)
以上(이상)

以上 | 이상 | 수량이나 정도가 일정한 기준보다 더 많거나 나음

以上
이상 | 以 上

上 ⇨16p **066**

568 5급

耳 耳 耳 　 이

귀 이 一 丁 丌 丌 耳 耳

교과서에
나오는 단어
耳目(이목)
中耳炎(중이염)
耳鼻(이비)

耳目 | 이목 | 귀와 눈을 함께 이르는 말

耳目
이목 | 耳 目

目 ⇨22p **114**

569 8급

一 一 一 　 일

한 일 一

교과서에
나오는 단어
一定(일정)
一品(일품)
一人者(일인자)

一品 | 일품 | 품질이나 상태가 제일 우수함

一品
일품 | 一 品

品 ⇨68p **479**

570 4급

張 張 張 　 장

베풀 장 ㄱ ㄱ ㅋ 引 弨 弨 弨 張 張 張

교과서에
나오는 단어
主張(주장)
冊張(책장)
誇張(과장)

主張 | 주장 | 자기의 의견이나 주의를 굳게 내세움

主張
주장 | 主 張

主 ⇨48p **326**

571 6급

在

在 在 재

있을 재

一 ナ オ 在 在 在

교과서에 나오는 단어

在外(재외)
所在(소재)
現在(현재)

所在 | 소재 | 어떤 곳에 있음

所在 소재

所 在

所 ☞57p 398

572 5급

再

再 再 재

두 재

一 丆 冂 冂 再 再

교과서에 나오는 단어

再次(재차)
再拜(재배)
再活用(재활용)

再活用 | 재활용 | 폐품 등의 용도를 바꾸거나 가공하여 다시 씀

再活用 재활용

再 活 用

活 ☞66p 467
用 ☞64p 449

573 5급

災

災 災 재

재앙 재

〈 巛 巛 巛 巛 災 災

교과서에 나오는 단어

災害(재해)
火災(화재)
人災(인재)

人災 | 인재 | 사람에 의해 일어나는 재난. 천재(天災)에 상대하여 이르는 말

人災 인재

人 災

人 ☞68p 476

574 5급

財

財 財 재

재물 재

丨 冂 冂 月 目 貝 貝 貝 財 財

교과서에 나오는 단어

財物(재물)
財産(재산)
財力(재력)

財力 | 재력 | 재물의 힘

財力 재력

財 力

力 ☞34p 210

575 5급

爭

다툴 쟁

爭 爭 | | | 쟁

丶 丶 丶 ぐ ゲ 爭 爭 爭 爭

교과서에 나오는 단어

競爭(경쟁)
紛爭(분쟁)
爭議(쟁의)

競爭 | 경쟁 | 같은 목적에 대하여 이기거나 앞서려고 서로 겨룸

競爭
경쟁

競 爭

競 ☞54p **372**

---

576 4급

低

낮을 저

低 低 | | | 저

丿 亻 亻 仁 仟 低 低

교과서에 나오는 단어

最低(최저)
低廉(저렴)
高低(고저)

高低 | 고저 | 높음과 낮음

高低
고저

高 低

高 ☞20p **097**

---

577 5급

貯

쌓을 저

貯 貯 | | | 저

丨 冂 冂 月 目 貝 貝 貝` 貯` 貯ʼ 貯 貯 貯

교과서에 나오는 단어

貯金(저금)
貯水池(저수지)
貯蓄(저축)

貯金 | 저금 | 돈을 모아 둠

貯金
저금

貯 金

金 ☞51p **351**

---

578 5급

赤

붉을 적

赤 赤 | | | 적

一 十 土 ナ 方 赤 赤

교과서에 나오는 단어

赤色(적색)
赤外線(적외선)
赤字(적자)

赤色 | 적색 | 짙은 붉은색

赤色
적색

赤 色

色 ☞68p **477**

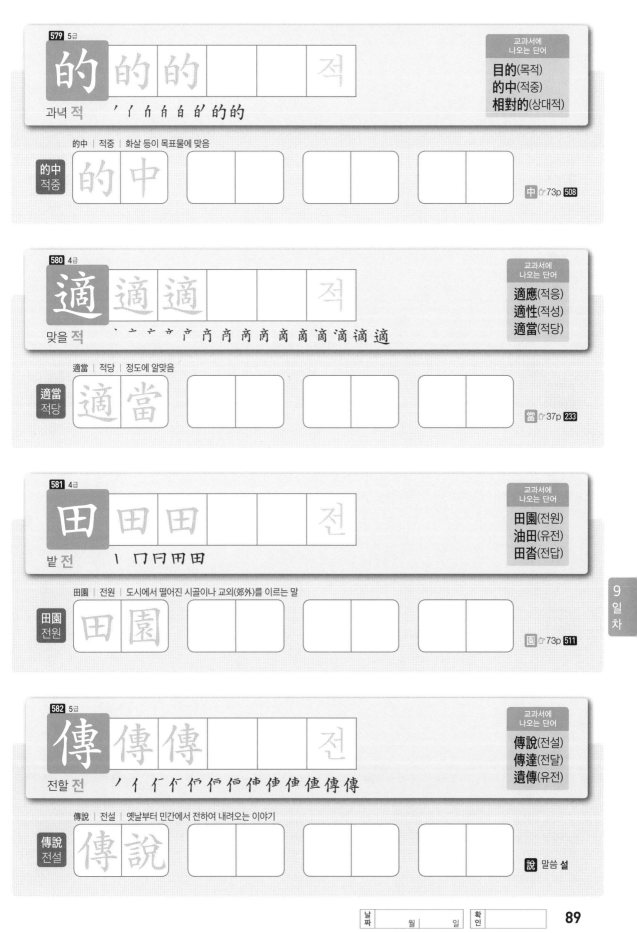

579 5급

的 的 的 　 　 적

과녁 **적**　　′ ｉ ｆ ｆ ｆ 的 的 的

교과서에 나오는 단어
目的(목적)
的中(적중)
相對的(상대적)

的中 | 적중 | 화살 등이 목표물에 맞음

的中
적중　的 中

中 ⇨73p **508**

580 4급

適 適 適 　 　 적

맞을 **적**　　丶 亠 六 六 产 产 庐 庐 商 商 商 啇 啇 滴 滴 適

교과서에 나오는 단어
適應(적응)
適性(적성)
適當(적당)

適當 | 적당 | 정도에 알맞음

適當
적당　適 當

當 ⇨37p **233**

581 4급

田 田 田 　 　 전

밭 **전**　　丨 冂 冂 田 田

교과서에 나오는 단어
田園(전원)
油田(유전)
田畓(전답)

田園 | 전원 | 도시에서 떨어진 시골이나 교외(郊外)를 이르는 말

田園
전원　田 園

園 ⇨73p **511**

582 5급

傳 傳 傳 　 　 전

전할 **전**　　′ ｉ ｆ ｆ 佢 佢 佢 傅 傅 傳 傳 傳 傳

교과서에 나오는 단어
傳說(전설)
傳達(전달)
遺傳(유전)

傳說 | 전설 | 옛날부터 민간에서 전하여 내려오는 이야기

傳說
전설　傳 說

說 말씀 설

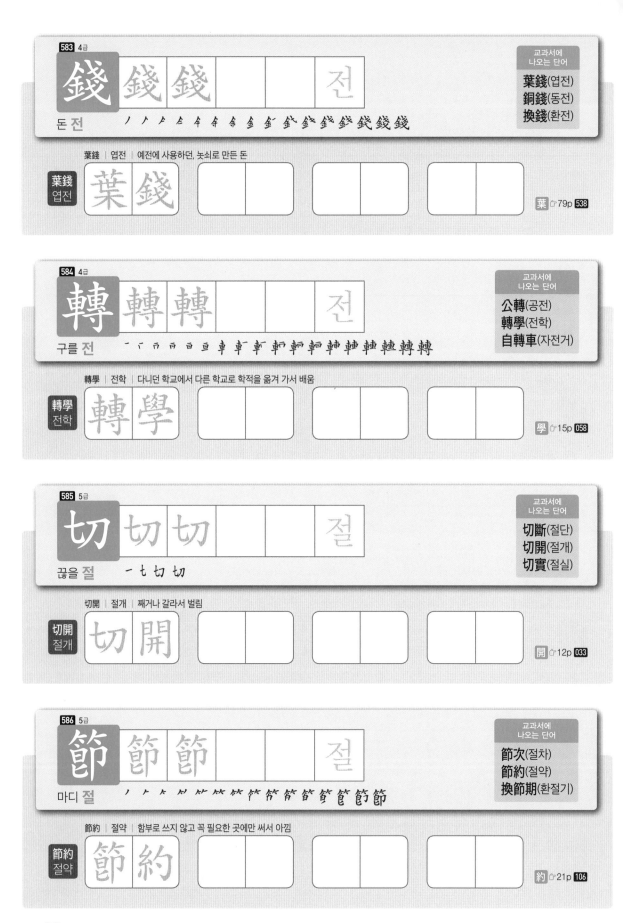

583 4급

錢 錢 錢 　 　 전

돈 전

ノ ノ ト ヒ キ キ キ 金 金 鈝 鈝 鈝 錢 錢 錢

교과서에 나오는 단어

葉錢(엽전)
銅錢(동전)
換錢(환전)

葉錢 | 엽전 | 예전에 사용하던, 놋쇠로 만든 돈

葉錢
엽전

葉 錢

葉 ☞79p **538**

584 4급

轉 轉 轉 　 　 전

구를 전

一 「 ñ 百 亘 車 車 軒 軒 軒 軒 轉 轉 轉 轉 轉 轉

교과서에 나오는 단어

公轉(공전)
轉學(전학)
自轉車(자전거)

轉學 | 전학 | 다니던 학교에서 다른 학교로 학적을 옮겨 가서 배움

轉學
전학

轉 學

學 ☞15p **058**

585 5급

切 切 切 　 　 절

끊을 절

一 七 切 切

교과서에 나오는 단어

切斷(절단)
切開(절개)
切實(절실)

切開 | 절개 | 째거나 갈라서 벌림

切開
절개

切 開

開 ☞12p **033**

586 5급

節 節 節 　 　 절

마디 절

ノ ト ト 삿 삿 섯 섯 섯 삿 笘 箚 筲 笆 節 節

교과서에 나오는 단어

節次(절차)
節約(절약)
換節期(환절기)

節約 | 절약 | 함부로 쓰지 않고 꼭 필요한 곳에만 써서 아낌

節約
절약

節 約

約 ☞21p **106**

587 4급

占 占 占 　 　 점

점령할 **점** ｜ ｜ 卜 占 占

교과서에
나오는 단어

獨占(독점)
占領(점령)
強占期(강점기)

獨占 ｜ 독점 ｜ 혼자서 모두 차지함

獨占
독점 獨 占 　 　 　

獨 ☞39p 250

---

588 6급

定 定 定 　 　 정

정할 **정** `丶 宀 宀 宀 宁 定 定`

교과서에
나오는 단어

改定(개정)
指定(지정)
安定(안정)

安定 ｜ 안정 ｜ 바뀌어 달라지지 않고 일정한 상태를 유지함

安定
안정 安 定 　 　 　

安 ☞76p 524

---

589 6급

庭 庭 庭 　 　 정

뜰 **정** `丶 亠 广 广 庐 庄 庄 庭 庭 庭`

교과서에
나오는 단어

校庭(교정)
家庭(가정)
親庭(친정)

家庭 ｜ 가정 ｜ 한 가족이 생활하는 집

家庭
가정 家 庭 　 　 　

家 ☞8p 005

---

590 5급

停 停 停 　 　 정

머무를 **정** `丿 亻 亻 仁 广 伫 仵 停 停 停`

교과서에
나오는 단어

停止(정지)
停留場(정류장)
急停車(급정거)

停止 ｜ 정지 ｜ 움직이고 있던 것이 멈추거나 그침

停止
정지 停 止 　 　 　

止 ☞61p 426

---

591 4급

丁 丁 丁 　 　 정

고무래 **정**　一 丁

교과서에 나오는 단어
目不識丁(목불식정)
兵丁(병정)
白丁(백정)

兵丁 │ 병정 │ 병역에 복무하는 장정

兵丁
병정
兵 丁

兵 ☞54p **370**

---

592 4급

精 精 精 　 　 정

정할 **정**　` ` ` ㅓ 半 米 米 米 米 精 精 精 精 精

교과서에 나오는 단어
精進(정진)
精讀(정독)
精神(정신)

精讀 │ 정독 │ 뜻을 새겨 가며 자세히 읽음

精讀
정독
精 讀

讀 ☞41p **265**

---

593 8급

弟 弟 弟 　 　 제

아우 **제**　` ` ` ㅜ 当 弟 弟

교과서에 나오는 단어
弟子(제자)
義兄弟(의형제)
師弟(사제)

弟子 │ 제자 │ 스승으로부터 가르침을 받거나 받은 사람

弟子
제자
弟 子

子 ☞64p **451**

---

594 6급

第 第 第 　 　 제

차례 **제**　` ` ` ` 竺 竺 竺 笃 笃 第 第

교과서에 나오는 단어
第一(제일)
落第(낙제)
及第(급제)

落第 │ 낙제 │ 진학 또는 진급을 못 함

落第
낙제
落 第

落 ☞43p **285**

595 4급

祭 祭 祭 　　 제

제사 제　　 ' ク タ タ ダ 尔 尔 奴 処 祭 祭 祭

교과서에 나오는 단어
祭典(제전)
祈雨祭(기우제)
祭祀(제사)

祭典 | 제전 | 제사의 의식

祭典
제전　　祭 典 　　　　　　　　 典 ☞18p 086

---

596 3급

弔 弔 弔 　　 조

조상할 조　　 ᄀ ᄀ ᄅ 弔

교과서에 나오는 단어
弔問(조문)
弔意(조의)
弔喪(조상)

弔問 | 조문 | 남의 죽음에 대하여 슬퍼하는 뜻을 드러내어 상주(喪主)를 위로함

弔問
조문　　弔 問 　　　　　　　　 問 ☞60p 420

---

597 4급

早 早 早 　　 조

이를 조　　 ᅵ ロ 日 旦 旦 早

교과서에 나오는 단어
早産(조산)
早失父母(조실부모)
早晩間(조만간)

早産 | 조산 | 해산달이 차기 전에 아이를 낳음

早産
조산　　早 産 　　　　　　　　 産 ☞53p 368

---

598 4급

鳥 鳥 鳥 　　 조

새 조　　 ' ſ ſ' ſ' ſ' 白 鳥 鳥 鳥 鳥 鳥

교과서에 나오는 단어
一石二鳥(일석이조)
黃鳥(황조)
鳥類(조류)

一石二鳥 | 일석이조 | 동시에 두 가지 이득을 봄

一石二鳥
일석이조　　一 石 二 鳥

一 ☞86p 569
石 ☞43p 286
二 두 이

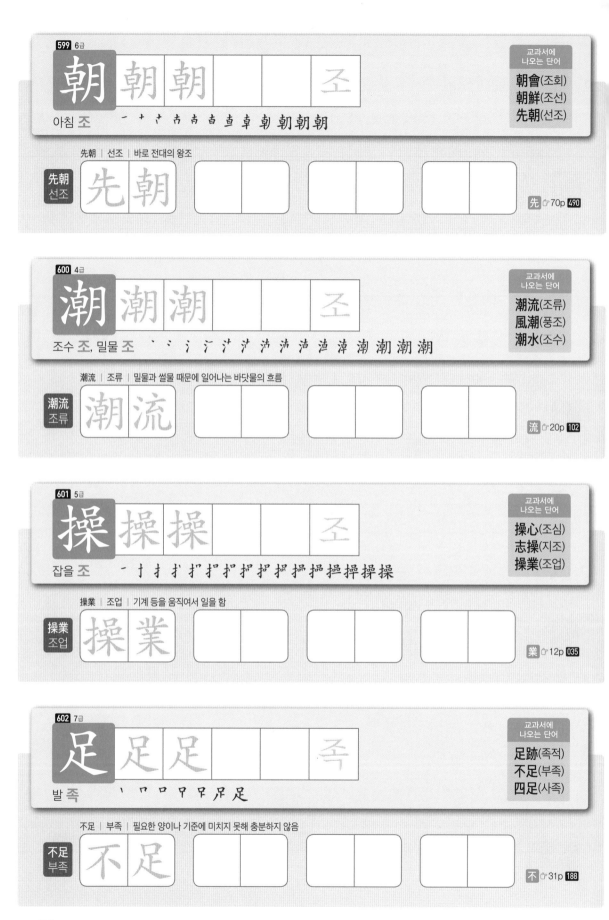

599 6급

朝　朝　朝　　　　　조

아침 조　一 十 十 吉 吉 吉 直 卓 朝 朝 朝 朝

교과서에 나오는 단어
朝會(조회)
朝鮮(조선)
先朝(선조)

先朝 | 선조 | 바로 전대의 왕조

先朝　先 朝

先 ☞70p 490

600 4급

潮　潮　潮　　　　　조

조수 조, 밀물 조　丶 丶 氵 氵 汀 汀 泸 淖 淖 淖 淖 潮 潮 潮 潮

교과서에 나오는 단어
潮流(조류)
風潮(풍조)
潮水(조수)

潮流 | 조류 | 밀물과 썰물 때문에 일어나는 바닷물의 흐름

潮流　潮 流

流 ☞20p 102

601 5급

操　操　操　　　　　조

잡을 조　一 十 扌 扌 扩 扩 扩 扩 扩 押 押 押 押 操 操 操

교과서에 나오는 단어
操心(조심)
志操(지조)
操業(조업)

操業 | 조업 | 기계 등을 움직여서 일을 함

操業　操 業

業 ☞12p 035

602 7급

足　足　足　　　　　족

발 족　丨 ロ ロ 무 무 足 足

교과서에 나오는 단어
足跡(족적)
不足(부족)
四足(사족)

不足 | 부족 | 필요한 양이나 기준에 미치지 못해 충분하지 않음

不足　不 足

不 ☞31p 188

94

603 5급

卒 卒 卒 | | | 졸

마칠 졸　`丶亠广广広広卒卒

교과서에
나오는 단어

卒業(졸업)
高卒(고졸)
兵卒(병졸)

卒業 | 졸업 | 학생이 규정에 따라 소정의 교과 과정을 마침

卒業
졸업　卒 業 | | | | | |

業 ☞12p **035**

---

604 4급

從 從 從 | | | 종

좇을 종　`丿彳彳彳彳彳彳彳彳從從

교과서에
나오는 단어

服從(복종)
相從(상종)
從事(종사)

服從 | 복종 | 남의 명령이나 의사를 그대로 따라서 좇음

服從
복종　服 從 | | | | | |

服 ☞64p **448**

---

605 5급

終 終 終 | | | 종

마칠 종　`乡乡乡乡糸糸紵終終終

교과서에
나오는 단어

終結(종결)
臨終(임종)
最終(최종)

終結 | 종결 | 일을 끝냄

終結
종결　終 結 | | | | | |

結 ☞15p **061**

9
일
차

---

606 7급

左 左 左 | | 좌

왼 좌　一ナ左左左

교과서에
나오는 단어

左側(좌측)
左遷(좌천)
左右間(좌우간)

左右間 | 좌우간 | 이렇든 저렇든 어떻든 간

左右間
좌우간　左 右 間 | | | | | |

右 ☞82p **552**
間 ☞10p **017**

607 4급

座 座 座 　 　 좌

자리 **좌**　`一广广广广广应应座座

교과서에 나오는 단어
座席(좌석)
座右銘(좌우명)
計座(계좌)

座席 | 좌석 | 앉을 수 있게 마련된 자리

座席 座 席

席 ☞12p **040**

608 4급

走 走 走 　 　 주

달릴 **주**　一十土上丰未走

교과서에 나오는 단어
奔走(분주)
力走(역주)
完走(완주)

完走 | 완주 | 목표한 지점까지 모두 달림

完走 完 走

完 ☞74p **517**

609 7급

住 住 住 　 　 주

살 **주**　ノイイ卢住住住

교과서에 나오는 단어
住居地(주거지)
居住(거주)
住民(주민)

住民 | 주민 | 일정한 지역에 살고 있는 사람

住民 住 民

民 ☞39p **251**

610 6급

注 注 注 　 　 주

부을 **주**　`丶氵氵浐浐浐注注

교과서에 나오는 단어
注入(주입)
注射器(주사기)
注油所(주유소)

注入 | 주입 | 흘러 들어가도록 부어 넣음

注入 注 入

入 들 입

611 4급

酒 酒 酒 　 　 주
술 주
丶 丶 氵 汀 沪 沔 洒 洒 酒

교과서에
나오는 단어
飮酒(음주)
洋酒(양주)
酒店(주점)

飮酒 | 음주 | 술을 마심
飮酒
음주
飮 酒

飮 ⇨85p **564**

---

612 6급

晝 晝 晝 　 　 주
낮 주
フ フ ユ ユ ユ 書 書 書 書 書 晝

교과서에
나오는 단어
晝間(주간)
晝夜(주야)
晝食(주식)

晝夜 | 주야 | 밤과 낮을 함께 이르는 말
晝夜
주야
晝 夜

夜 ⇨10p **019**

---

613 4급

竹 竹 竹 　 　 죽
대 죽
丿 丿 丿 竹 竹 竹

교과서에
나오는 단어
竹馬故友(죽마고우)
竹冊(죽책)
善竹橋(선죽교)

竹馬故友 | 죽마고우 | 어릴 때부터 같이 놀며 자란 친구
竹馬故友
죽마고우
竹 馬 故 友

馬 ⇨54p **369**
故 연고 고
友 ⇨23p **122**

---

614 4급

準 準 準 　 　 준
준할 준
丶 丶 氵 氵 氵 浐 浐 洴 淮 淮 進 準

교과서에
나오는 단어
基準(기준)
準備(준비)
水準(수준)

基準 | 기준 | 기본이 되는 표준
基準
기준
基 準

基 ⇨30p **177**

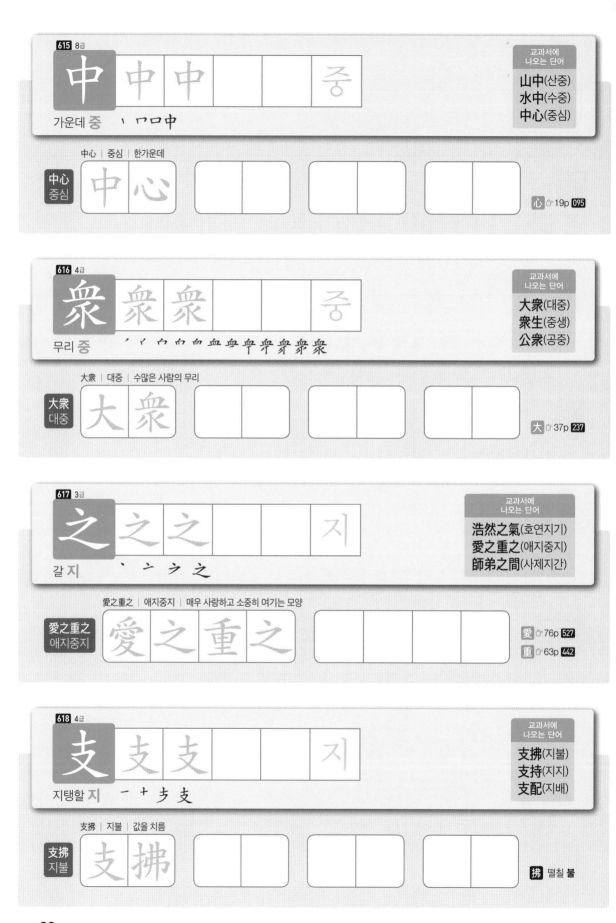

615 8급 中

中 中

중

가운데 중　ㅣ �口 中

교과서에 나오는 단어
山中(산중)
水中(수중)
中心(중심)

中心 中心 | 중심 | 한가운데
중심

中心

心 ⇨19p 095

616 4급 衆

衆 衆

중

무리 중　丶 宀 丷 血 血 血 血 卆 卆 身 衆 衆

교과서에 나오는 단어
大衆(대중)
衆生(중생)
公衆(공중)

大衆 大衆 | 대중 | 수많은 사람의 무리
대중

大衆

大 ⇨37p 237

617 3급 之

之 之

지

갈 지　丶 亠 ㇠ 之

교과서에 나오는 단어
浩然之氣(호연지기)
愛之重之(애지중지)
師弟之間(사제지간)

愛之重之 愛之重之 | 애지중지 | 매우 사랑하고 소중히 여기는 모양
애지중지

愛 之 重 之

愛 ⇨76p 527
重 ⇨63p 442

618 4급 支

支 支

지

지탱할 지　一 十 ㇠ 支

교과서에 나오는 단어
支拂(지불)
支持(지지)
支配(지배)

支拂 支拂 | 지불 | 값을 치름
지불

支拂

拂 떨칠 불

98

619 4급

志　志　志　　　　　지

뜻 지　　一 十 士 志 志 志 志

교과서에 나오는 단어

寸志(촌지)
志操(지조)
意志(의지)

意志 | 의지 | 어떠한 일을 이루려고 하는 마음

意志
의지　意 志

行 ☞15p **059**

---

620 5급

知　知　知　　　　　지

알 지　　丿 丿 亠 乍 矢 知 知 知

교과서에 나오는 단어

未知數(미지수)
知德(지덕)
知識(지식)

知德 | 지덕 | 지식과 도덕을 함께 이르는 말

知德
지덕　知 德

德 ☞35p **222**

---

621 7급

紙　紙　紙　　　　　지

종이 지　　丿 丿 纟 幺 幺 糸 糹 紅 紅 紙 紙

교과서에 나오는 단어

韓紙(한지)
白紙(백지)
用紙(용지)

韓紙 | 한지 | 닥나무 껍질 등의 섬유를 원료로 만든 종이

韓紙
한지　韓 紙

韓 ☞32p **194**

10
일
차

---

622 7급

直　直　直　　　　　직

곧을 직　　一 十 广 占 古 直 直 直

교과서에 나오는 단어

直前(직전)
直去來(직거래)
直後(직후)

直去來 | 직거래 | 중개인을 거치지 않고 살 사람과 팔 사람이 직접 거래함

直去來
직거래　直 去 來

去 ☞13p **041**
來 ☞13p **042**

날
짜　　월　　일

확
인

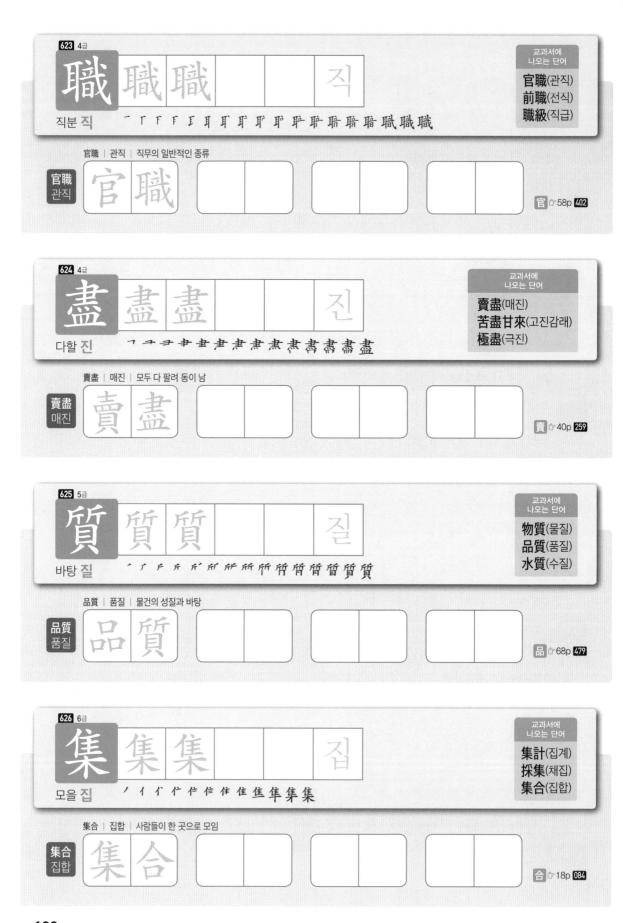

623 4급
職 職 職 　 　 직

직분 **직**

一 丁 丁 下 耳 耳 耵 取 严 耻 聃 聃 聃 職 職 職

교과서에 나오는 단어
官職(관직)
前職(전직)
職級(직급)

官職 | 관직 | 직무의 일반적인 종류

官職 官職

官 ☞58p **402**

624 4급
盡 盡 盡 　 　 진

다할 **진**

フ コ ヨ ま ま 書 書 書 煮 煮 煮 盍 盍 盡 盡

교과서에 나오는 단어
賣盡(매진)
苦盡甘來(고진감래)
極盡(극진)

賣盡 | 매진 | 모두 다 팔려 동이 남

賣盡 賣盡

賣 ☞40p **259**

625 5급
質 質 質 　 　 질

바탕 **질**

丶 厂 厈 斤 斤 斤 𣥂 皙 皙 所 質 質 質 質 質

교과서에 나오는 단어
物質(물질)
品質(품질)
水質(수질)

品質 | 품질 | 물건의 성질과 바탕

品質 品質

品 ☞68p **479**

626 6급
集 集 集 　 　 집

모을 **집**

ノ イ イ 个 쓴 伴 佳 佳 隹 隼 集 集

교과서에 나오는 단어
集計(집계)
採集(채집)
集合(집합)

集合 | 집합 | 사람들이 한 곳으로 모임

集合 集合

合 ☞18p **084**

100

627 4급

次

버금 **차**

次 次 □ □ 차

`丶 冫 ⅞ 次 次`

次元 │ 차원 │ 사물을 보거나 생각하는 처지

次元
차원

次 元 □□ □□ □□

元 ☞83p **556**

628 4급

差

다를 **차**

差 差 □ □ 차

`丶 ゛ ⅛ ⅛ 羊 羊 差 差 差`

差別 │ 차별 │ 둘 이상의 대상을 각각 등급이나 수준 등의 차이를 두어서 구별함

差別
차별

差 別 □□ □□ □□

別 ☞9p **016**

629 5급

着

붙을 **착**

着 着 □ □ 착

`丶 ゛ ⅛ ⅛ 羊 羊 差 着 着 着`

定着 │ 정착 │ 일정한 곳에 자리를 잡아 머물러 삶

定着
정착

定 着 □□ □□ □□

定 ☞91p **588**

630 6급

窓

창 **창**

窓 窓 □ □ 창

`丶 冖 宀 穴 穴 空 空 窓 窓 窓`

學窓 │ 학창 │ '배움의 창가'라는 뜻으로 공부하는 교실이나 학교를 이르는 말

學窓
학창

學 窓 □□ □□ □□

學 ☞15p **058**

631 4급

冊 冊 冊　　　　　책

책 **책**　ㅣ ㄇ ㄇ ㄇ 冊

교과서에 나오는 단어
空冊(공책)
冊床(책상)
冊房(책방)

空冊 | 공책 | 글씨를 쓰거나 그림을 그리도록 백지로 묶어 놓은 책

空冊 | 공책 | 空冊

空 ☞10p **020**

---

632 5급

責 責 責　　　　　책

꾸짖을 **책**　一 二 ナ 圭 圭 靑 靑 靑 靑 責 責

교과서에 나오는 단어
責望(책망)
叱責(질책)
責任(책임)

責任 | 책임 | 맡아서 해야 할 임무나 의무

責任 | 책임 | 責任

任 ☞46p **312**

---

633 3급

妻 妻 妻　　　　　처

아내 **처**　一 ㄱ ㅋ ㅋ 圭 妻 妻 妻

교과서에 나오는 단어
妻男(처남)
良妻(양처)
妻家(처가)

妻男 | 처남 | 아내의 손아래 남자 형제를 이르거나 부르는 말

妻男 | 처남 | 妻男

男 ☞31p **189**

---

634 7급

川 川 川　　　　　천

내 **천**　ノ ノ 川

교과서에 나오는 단어
河川(하천)
山川草木(산천초목)
淸溪川(청계천)

河川 | 하천 | 강과 시내를 함께 이르는 말

河川 | 하천 | 河川

河 ☞112p **672**

635 4급

泉

泉 泉 □ □ 천

샘 천 `´ ⺅ ⼧ 白 白 白 ⾃ 泉 泉 泉`

교과서에
나오는 단어

黃泉(황천)
溫泉(온천)
源泉(원천)

溫泉 | 온천 | 지열에 의해 지하수가 그 지역의 평균 기온 이상으로 데워져 솟아 나오는 샘

溫泉
온천 | 溫 泉 | □ □ | □ □ | □ □

溫 ☞20p **099**

---

636 8급

靑

靑 靑 □ □ 청

푸를 청 `一 ⼆ ⺫ 主 ⾲ 靑 靑 靑`

교과서에
나오는 단어

靑綠(청록)
靑少年(청소년)
靑春(청춘)

靑春 | 청춘 | 10대 후반에서 20대에 걸치는 인생의 젊은 나이

靑春
청춘 | 靑 春 | □ □ | □ □ | □ □

春 ☞104p **642**

---

637 6급

淸

淸 淸 □ □ 청

맑을 청 `丶 丶 ⺡ ⺡ ⺡ 汁 洁 淸 淸 淸 淸`

교과서에
나오는 단어

淸明(청명)
淸淨(청정)
淸凉(청량)

淸明 | 청명 | 날씨가 맑고 밝음

淸明
청명 | 淸 明 | □ □ | □ □ | □ □

明 ☞55p **381**

10
일
차

---

638 4급

聽

聽 聽 □ □ 청

들을 청 `一 ⼂ ⼃ ⼨ ⽿ 耳 耵 耵 耵 耵 聆 聆 聎 聎 聎 聍 聽 聽 聽`

교과서에
나오는 단어

聽衆(청중)
視聽(시청)
聽取(청취)

聽衆 | 청중 | 강연이나 설교, 음악 등을 듣기 위하여 모인 사람들

聽衆
청중 | 聽 衆 | □ □ | □ □ | □ □

衆 ☞98p **616**

639 5급

初

처음 **초**

` ラ ネ ネ ネ 初 初

교과서에 나오는 단어

月初(월초)
最初(최초)
初版(초판)

月初 | 월초 | 그 달의 처음 무렵

月初
월초

月 ☞84p **559**

---

640 7급

秋

가을 **추**

ノ 二 千 千 禾 禾 秋 秋

교과서에 나오는 단어

春秋(춘추)
秋收(추수)
秋夕(추석)

秋收 | 추수 | 가을에 익은 곡식을 거두어들임

秋收
추수

收 ☞29p **170**

---

641 5급

祝

빌 **축**

` 二 亍 亍 示 祀 祀 祀 祝

교과서에 나오는 단어

祝福(축복)
祝典(축전)
祝歌(축가)

祝福 | 축복 | 행복을 빎

祝福
축복

福 ☞34p **215**

---

642 7급

春

봄 **춘**

一 二 三 丰 夫 未 春 春 春

교과서에 나오는 단어

立春(입춘)
春色(춘색)
思春期(사춘기)

立春 | 입춘 | 이십사절기의 하나. 대한(大寒)과 우수(雨水) 사이에 들며, 이때부터 봄이 시작된다고 함.

立春
입춘

立 ☞14p **052**

643 5급

充 充 充 　 　 충

채울 **충**　`丶一ナ云云充`

교과서에 나오는 단어
補充(보충)
充分(충분)
充足(충족)

充分 | 충분 | 모자람이 없이 넉넉함

充分　充 分 　 　 　 　 　 　

分 ☞25p **138**

644 3급

臭 臭 臭 　 　 취

냄새 **취**　`丶丿冂冃自自臬臭臭臭`

교과서에 나오는 단어
惡臭(악취)
無臭(무취)
香臭(향취)

惡臭 | 악취 | 나쁜 냄새

惡臭　惡 臭 　 　 　 　 　 　

惡 ☞78p **537**

645 4급

測 測 測 　 　 측

헤아릴 **측**　`丶丶氵汀汀汀汩汩汩洀測測`

교과서에 나오는 단어
測量(측량)
計測(계측)
測定(측정)

測定 | 측정 | 일정한 양을 기준으로 하여 같은 종류의 다른 양의 크기를 잼

測定　測 定 　 　 　 　 　 　

定 ☞91p **588**

10 일 차

646 4급

治 治 治 　 　 치

다스릴 **치**　`丶丶氵汁汁治治治`

교과서에 나오는 단어
治安(치안)
完治(완치)
政治(정치)

完治 | 완치 | 병을 완전히 낫게 함

完治　完 治 　 　 　 　 　 　

 完 ☞74p **517**

647 5급

致 致 致 〔 〕 〔 〕 치

이를 **치**　一 丁 下 互 至 至 至 致 致 致

교과서에 나오는 단어
一致(일치)
理致(이치)
情致(정치)

理致 | 이치 | 도리에 맞는 취지

理致
이치　理 致 〔 〕 〔 〕 〔 〕

理 ☞53p **361**

648 5급

則 則 則 〔 〕 〔 〕 칙

법칙 **칙**　丨 冂 冂 月 月 貝 貝 則 則

교과서에 나오는 단어
變則(변칙)
規則(규칙)
法則(법칙)

法則 | 법칙 | 반드시 지켜야만 하는 규범

法則
법칙　法 則 〔 〕 〔 〕 〔 〕

法 ☞36p **230**

649 8급

七 七 七 〔 〕 〔 〕 칠

일곱 **칠**　一 七

교과서에 나오는 단어
七夕(칠석)
七旬(칠순)
七月(칠월)

七夕 | 칠석 | 음력으로 칠월 초이렛날의 밤

七夕
칠석　七 夕 〔 〕 〔 〕 〔 〕

夕 ☞69p **483**

650 4급

針 針 針 〔 〕 〔 〕 침

바늘 **침**　丿 丿 드 드 车 车 余 金 金 針

교과서에 나오는 단어
針線(침선)
針葉樹(침엽수)
避雷針(피뢰침)

針線 | 침선 | 바늘과 실을 함께 이르는 말

針線
침선　針 線 〔 〕 〔 〕 〔 〕

線 ☞50p **338**

651 5급

打 打 打　　타

칠 **타**　　一 ｜ 扌 扌 打

교과서에 나오는 단어
强打(강타)
打作(타작)
打樂器(타악기)

强打 ｜ 강타 ｜ 세게 침

强打
강타　强 打

强 ↱63p **447**

652 5급

卓 卓 卓　　탁

높을 **탁**　　｜ 卜 广 占 占 卓 卓

교과서에 나오는 단어
卓球(탁구)
卓見(탁견)
卓越(탁월)

卓見 ｜ 탁견 ｜ 두드러진 의견이나 견해

卓見
탁견　卓 見

見 ↱15p **057**

653 5급

炭 炭 炭　　탄

숯 **탄**　　｜ 屮 屮 屮 屵 屵 炭 炭

교과서에 나오는 단어
炭鑛(탄광)
黑炭(흑탄)
石炭(석탄)

炭鑛 ｜ 탄광 ｜ 석탄을 캐내는 광산

炭鑛
탄광　炭 鑛

鑛 ↱25p **140**

654 4급

脫 脫 脫　　탈

벗을 **탈**　　丿 刀 月 月 月′ 肹 肹 肹 胪 脫

교과서에 나오는 단어
脫出(탈출)
脫落(탈락)
脫退(탈퇴)

脫出 ｜ 탈출 ｜ 어떤 상황이나 구속 등에서 빠져나옴

脫出
탈출　脫 出

出 ↱8p **006**

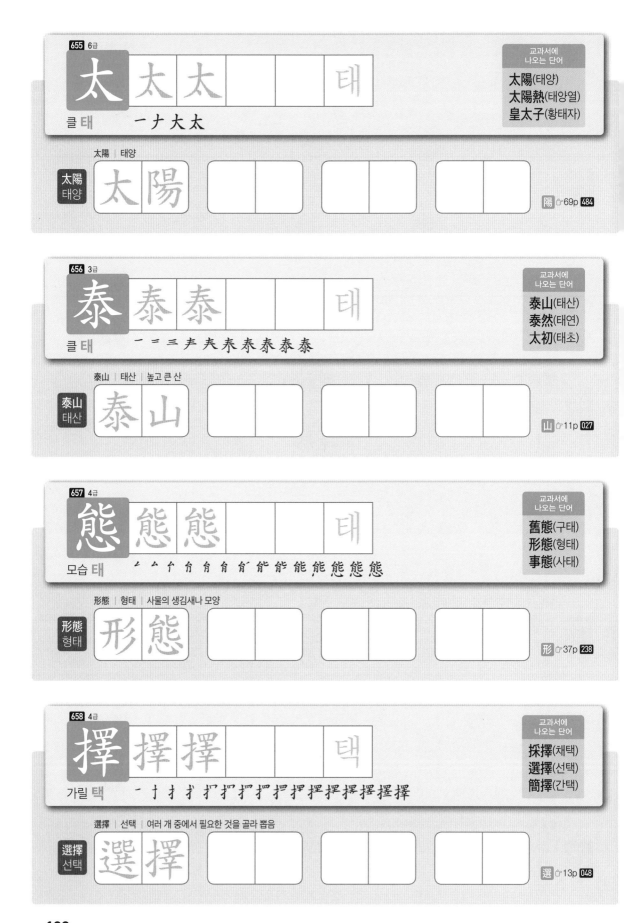

655 6급

太 클 태

太 太

태

一 ナ 大 太

교과서에
나오는 단어

太陽(태양)
太陽熱(태양열)
皇太子(황태자)

太陽 | 태양

太陽
태양

太 陽

陽 ⇨69p **484**

656 3급

泰 클 태

泰 泰

태

一 二 三 声 夫 夫 表 泰 泰 泰

교과서에
나오는 단어

泰山(태산)
泰然(태연)
太初(태초)

泰山 | 태산 | 높고 큰 산

泰山
태산

泰 山

山 ⇨11p **027**

657 4급

態 모습 태

態 態

태

ᄼ ᄼ ᄼ 台 台 育 育 能 能 能 能 態 態

교과서에
나오는 단어

舊態(구태)
形態(형태)
事態(사태)

形態 | 형태 | 사물의 생김새나 모양

形態
형태

形 態

形 ⇨37p **238**

658 4급

擇 가릴 택

擇 擇

택

一 ナ 扌 扌 扩 扲 扞 扞 押 押 押 押 揮 擇

교과서에
나오는 단어

採擇(채택)
選擇(선택)
簡擇(간택)

選擇 | 선택 | 여러 개 중에서 필요한 것을 골라 뽑음

選擇
선택

選 擇

選 ⇨13p **048**

659 8급

土 土 土 　 　 토

흙 **토**　ー 十 土

교과서에 나오는 단어
粘土(점토)
領土(영토)
土地(토지)

領土 | 영토 | 국제법에서 국가의 통치권이 미치는 구역

領土 영토　領土 　 　 　

領 ☞ 48p 325

660 3급

吐 吐 吐 　 　 토

토할 **토**　ㅣ 口 口 口 ロ- ロ+ 吐

교과서에 나오는 단어
嘔吐(구토)
實吐(실토)
吐露(토로)

實吐 | 실토 | 거짓 없이 사실대로 다 말함

實吐 실토　實吐 　 　 　

實 ☞ 73p 512

661 4급

退 退 退 　 　 퇴

물러날 **퇴**　ㄱ ㄱ ㄱ 戸 戸 艮 艮 退 退 退

교과서에 나오는 단어
衰退(쇠퇴)
退室(퇴실)
後退(후퇴)

退室 | 퇴실 | 방이나 교실, 병실 등에서 물러 나감

退室 퇴실　退室 　 　 　

室 ☞ 12p 039

662 6급

特 特 特 　 　 특

특별할 **특**　ノ ー 牛 牛 牛 牜 牛+ 牛+ 特 特

교과서에 나오는 단어
特權(특권)
特色(특색)
特別(특별)

特色 | 특색 | 보통의 것과 다른 점

特色 특색　特色 　 　 　

色 ☞ 68p 477

11 일 차

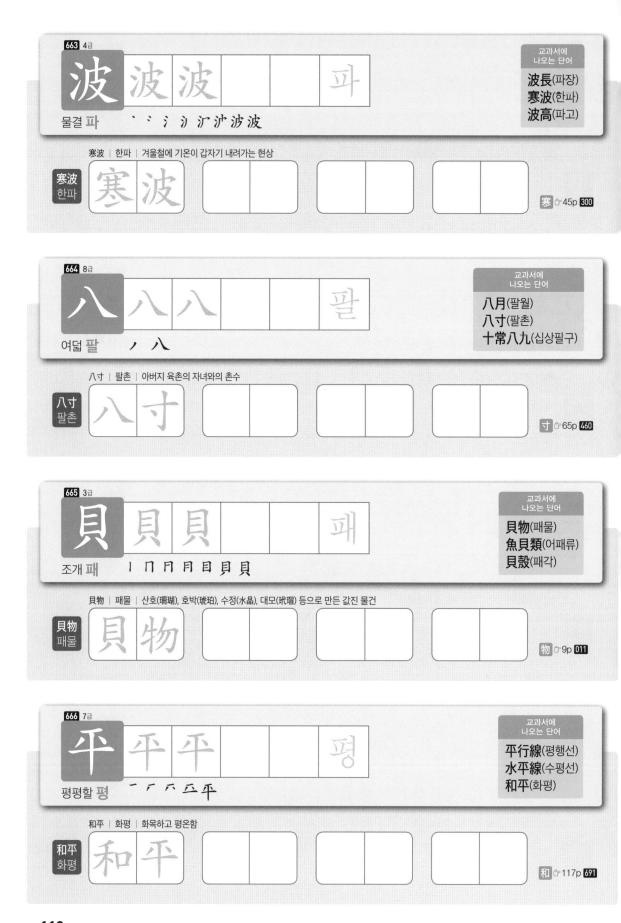

663 4급

波 | 波 | 波 | | | 파

물결 **파**　　丶 丶 氵 氵 沪 沪 波 波

교과서에
나오는 단어

波長(파장)
寒波(한파)
波高(파고)

寒波 | 한파 | 겨울철에 기온이 갑자기 내려가는 현상

寒波
한파 | 寒 | 波 | | | | | |

寒 ☞45p **300**

664 8급

八 | 八 | 八 | | | 팔

여덟 **팔**　　丿 八

교과서에
나오는 단어

八月(팔월)
八寸(팔촌)
十常八九(십상팔구)

八寸 | 팔촌 | 아버지 육촌의 자녀와의 촌수

八寸
팔촌 | 八 | 寸 | | | | | |

寸 ☞65p **460**

665 3급

貝 | 貝 | 貝 | | | 패

조개 **패**　　丨 冂 冂 冃 目 貝 貝

교과서에
나오는 단어

貝物(패물)
魚貝類(어패류)
貝殼(패각)

貝物 | 패물 | 산호(珊瑚), 호박(琥珀), 수정(水晶), 대모(玳瑁) 등으로 만든 값진 물건

貝物
패물 | 貝 | 物 | | | | | |

物 ☞9p **011**

666 7급

平 | 平 | 平 | | | 평

평평할 **평**　　一 一 丂 平 平

교과서에
나오는 단어

平行線(평행선)
水平線(수평선)
和平(화평)

和平 | 화평 | 화목하고 평온함

和平
화평 | 和 | 平 | | | | | |

和 ☞117p **691**

667 4급

豊 豊 豊 　 　 풍

풍년 **풍**　 丨 口 曰 由 曲 曲 曲 曲 豊 豊 豊 豊

교과서에
나오는 단어

豊年(풍년)
豊凶(풍흉)
豊作(풍작)

豊年 | 풍년 | 곡식이 잘 자라고 잘 여물어 평년보다 수확이 많은 해

豊年
풍년　豊 年 　 　 　 　

年 ☞28p **162**

---

668 3급

皮 皮 皮 　 　 피

가죽 **피**　 丿 厂 广 皮 皮

교과서에
나오는 단어

毛皮(모피)
皮膚(피부)
表皮(표피)

毛皮 | 모피 | 털이 그대로 붙어 있는 짐승의 가죽

毛皮
모피　毛 皮 　 　 　 　

毛 ☞27p **159**

---

669 4급

疲 疲 疲 　 　 피

피곤할 **피**　 丶 亠 广 广 疒 疒 疒 疖 疲 疲

교과서에
나오는 단어

疲勞(피로)
疲困(피곤)
疲弊(피폐)

疲勞 | 피로 | 과로로 정신이나 몸이 지쳐 힘듦

疲勞
피로　疲 勞 　 　 　 　

勞 ☞21p **111**

---

670 5급

必 必 必 　 　 필

반드시 **필**　 丶 ソ 必 必 必

11
일
차

교과서에
나오는 단어

必須(필수)
必要(필요)
必是(필시)

必要 | 필요 | 반드시 요구하는 것이 있음

必要
필요　必 要 　 　 　 　

要 ☞44p **294**

날짜　월　일　확인

111

671 3급

何 | 何 何 | | | 하

어찌 **하**　ノ 亻 亻 亻 冇 何 何

교과서에 나오는 단어
何必(하필)
何等(하등)
幾何(기하)

何必 | 하필 | 다른 방도를 선택하지 않고 반드시 꼭

何必
하필　何 必

必 ⇧111p **670**

---

672 5급

河 | 河 河 | | | 하

물 **하**　丶 丶 氵 氵 汀 汀 河 河

교과서에 나오는 단어
河口(하구)
河川(하천)
氷河(빙하)

河川 | 하천 | 강과 시내를 함께 이르는 말

河川
하천　河 川

川 ⇧102p **634**

---

673 7급

夏 | 夏 夏 | | | 하

여름 **하**　一 丆 丆 百 百 百 頁 夏 夏

교과서에 나오는 단어
夏季(하계)
夏服(하복)
夏期(하기)

夏服 | 하복 | 여름철에 입는 옷

夏服
하복　夏 服

服 ⇧64p **448**

---

674 3급

恒 | 恒 恒 | | | 항

항상 **항**　丶 丶 忄 忄 忊 忄 恒 恒 恒

교과서에 나오는 단어
恒常(항상)
恒久的(항구적)
恒溫(항온)

恒常 | 항상 | 언제나 변함없이

恒常
항상　恒 常

常 ⇧49p **332**

675 3급

亥 亥 亥 　 　 해

돼지 해 　 `ㆍ 一 亠 亥 亥 亥

교과서에
나오는 단어
亥時(해시)
亥坐(해좌)
亥年(해년)

亥時｜해시｜밤 9시부터~11시까지

亥時
해시 | 亥 時

時 ⇨75p **519**

676 5급

害 害 害 　 　 해

해할 해 　 `ㆍ 宀 宀 宀 宀 宝 宝 害 害 害

교과서에
나오는 단어
有害(유해)
被害(피해)
災害(재해)

災害｜재해｜재앙 때문에 발생하는 피해

災害
재해 | 災 害

災 ⇨87p **573**

677 6급

幸 幸 幸 　 　 행

다행 행 　 一 十 土 圥 圥 幸 幸 幸

교과서에
나오는 단어
幸運(행운)
不幸(불행)
幸福(행복)

幸福｜행복｜복된 좋은 운수

幸福
행복 | 幸 福

福 ⇨34p **215**

678 4급

香 香 香 　 　 향

향기 향 　 `ㆍ 一 千 禾 禾 禾 乔 香 香

교과서에
나오는 단어
香油(향유)
香料(향료)
香臭(향취)

香料｜향료｜향기를 내는 데 쓰는 물질

香料
향료 | 香 料

料 ⇨51p **349**

679 5급

許 許許 　 　 허

허락할 **허**　丶 亠 亍 亍 亖 言 言 訐 許 許

교과서에
나오는 단어
許可(허가)
許容(허용)
免許(면허)

許可 | 허가 | 행동이나 일을 하도록 허용함

許可
허가　許可

可 옳을 가

680 3급

玄 玄玄 　 　 현

검을 **현**　丶 亠 玄 玄 玄

교과서에
나오는 단어
玄米(현미)
玄關(현관)
玄武巖(현무암)

玄米 | 현미 | 벼의 겉껍질만 벗겨 낸 쌀

玄米
현미　玄米

米 쌀 미

681 6급

現 現現 　 　 현

나타날 **현**　一 二 三 王 玗 玏 珇 珇 珇 現 現

교과서에
나오는 단어
再現(재현)
具現(구현)
表現(표현)

表現 | 표현 | 생각이나 느낌 등을 언어나 몸짓 등의 형상으로 드러내어 나타냄

表現
표현　表現

表 ⇨29p 174

682 4급

協 協協 　 　 협

화합할 **협**　一 十 十 扐 协 协 協 協 協

교과서에
나오는 단어
協約(협약)
協力(협력)
協同(협동)

協同 | 협동 | 서로 마음과 힘을 하나로 합함

協同
협동　協同

同 ⇨41p 269

683 8급

兄 형 형

兄 兄

ㅣ ㅁ ㅁ 尸 兄

형

교과서에 나오는 단어
兄弟(형제)
義兄弟(의형제)
呼兄呼弟(호형호제)

兄弟 | 형제 | 형과 아우를 함께 이르는 말

兄弟
형제

兄 弟

弟 ☞92p 593

---

684 3급

虎 범 호

虎 虎

ㅣ ㅏ ㅏ 广 店 虎 虎

호

교과서에 나오는 단어
白虎(백호)
猛虎(맹호)
虎皮(호피)

白虎 | 백호 | 서쪽 방위를 지키는 신령을 상징하는 짐승(범)

白虎
백호

白 虎

白 ☞54p 371

---

685 4급

戶 집 호

戶 戶

ㅣ ㅓ ㅋ 戶

호

교과서에 나오는 단어
門戶(문호)
戶口(호구)
戶籍(호적)

門戶 | 문호 | 집으로 드나드는 문

門戶
문호

門 戶

門 ☞60p 416

---

686 4급

呼 부를 호

呼 呼

ㅣ ㅁ ㅁ ㅁ' ㅁ' ㅁ' 吁 呼

호

교과서에 나오는 단어
呼價(호가)
歡呼聲(환호성)
呼吸器(호흡기)

呼價 | 호가 | 팔거나 사려는 물건의 값을 부름

呼價
호가

呼 價

價 ☞9p 009

11 일 차

날짜 월 일　확인

687 5급

湖 湖 湖 　 　 호

호수 호　　ヽ ゝ ゞ ラ 汁 汁 沽 沽 油 湖 湖 湖

교과서에
나오는 단어

江湖(강호)
湖畔(호반)
人工湖(인공호)

江湖 | 강호 | 강과 호수를 함께 이르는 말

江湖
강호　　江 湖

江 ☞11p 025

---

688 3급

弘 弘 弘 　 　 홍

클 홍　　フ フ 弓 弘 弘

교과서에
나오는 단어

弘益人間(홍익인간)
弘報(홍보)
弘文館(홍문관)

弘益人間 | 홍익인간 | 널리 인간을 이롭게 함

弘益人間
홍익인간　　弘 益 人 間

益 ☞65p 457
人 ☞68p 476
間 ☞10p 017

---

689 4급

紅 紅 紅 　 　 홍

붉을 홍　　ㄥ ㄠ ㄠ ㅌ 糸 糸 糹 紅 紅

교과서에
나오는 단어

紅玉(홍옥)
紅潮(홍조)
紅茶(홍차)

紅潮 | 홍조 | 아침 해가 바다에 비치어 붉게 물든 경치

紅潮
홍조　　紅 潮

潮 ☞94p 600

---

690 8급

火 火 火 　 　 화

불 화　　ヽ ヽ ソ 火

교과서에
나오는 단어

放火(방화)
消火(소화)
鎭火(진화)

放火 | 방화 | 일부러 불을 지름

放火
방화　　放 火

放 ☞61p 428

116

691 6급

和

화할 화

和 和 　 　 화

`ノ 二 千 禾 禾 禾 和 和`

교과서에 나오는 단어
和睦(화목)
和合(화합)
親和(친화)

和合
화합

和合 | 화합 | 화목하게 어울림

和 合

合 ☞18p 084

---

692 4급

貨

재물 화

貨 貨 　 　 화

`ノ イ イ 化 化 代 貨 貨 貨 貨 貨`

교과서에 나오는 단어
貨物車(화물차)
通貨(통화)
百貨店(백화점)

通貨
통화

通貨 | 통화 | 유통 수단이나 지불 수단으로 가능한 화폐

通 貨

通 ☞50p 339

---

693 3급

丸

둥글 환

丸 丸 　 　 환

`ノ 九 丸`

교과서에 나오는 단어
彈丸(탄환)
淸心丸(청심환)
丸藥(환약)

淸心丸
청심환

淸心丸 | 청심환 | 심경(心經)의 열을 푸는 환약

淸 心 丸

淸 ☞103p 637
心 ☞19p 095

---

694 4급

況

상황 황

況 況 　 　 황

`丶 丶 氵 氵 沪 沪 沪 況`

교과서에 나오는 단어
近況(근황)
不況(불황)
好況(호황)

不況
불황

不況 | 불황 | 경제 활동이 일반적으로 침체되는 상태

不 況

不 ☞31p 188

695 6급

黃 黃 黃 　 　 황

누를 **황**

一 十 艹 艹 芸 莒 莒 昔 昔 昔 黃 黃

교과서에 나오는 단어

黃土(황토)
黃海(횡해)
朱黃色(주황색)

朱黃色 | 주황색 | 빨강과 노랑의 중간색

朱黃色
주황색

朱 黃 色

朱 붉을 주
色 ☞68p **477**

---

696 4급

回 回 回 　 　 회

돌아올 **회**

丨 冂 冂 回 回 回

回軍(회군)
回復(회복)
回復(회복)

回軍 | 회군 | 군사를 돌이켜 돌아가거나 돌아옴

回軍
회군

回 軍

軍 ☞26p **145**

---

697 6급

會 會 會 　 　 회

모일 **회**

丿 八 人 亼 今 슷 슷 슯 슯 슮 會 會 會

國會(국회)
會員(회원)
會談(회담)

會談 | 회담 | 어떤 문제를 가지고 거기에 관련된 사람들이 한자리에 모여서 토의함

會談
회담

會 談

談 ☞35p **221**

---

698 7급

休 休 休 　 　 휴

쉴 **휴**

丿 亻 亻 什 休 休

休暇(휴가)
休業(휴업)
休校(휴교)

休業 | 휴업 | 사업이나 영업, 작업 등을 일시적으로 중단하고 하루 또는 한동안 쉼

休業
휴업

休 業

業 ☞12p **035**

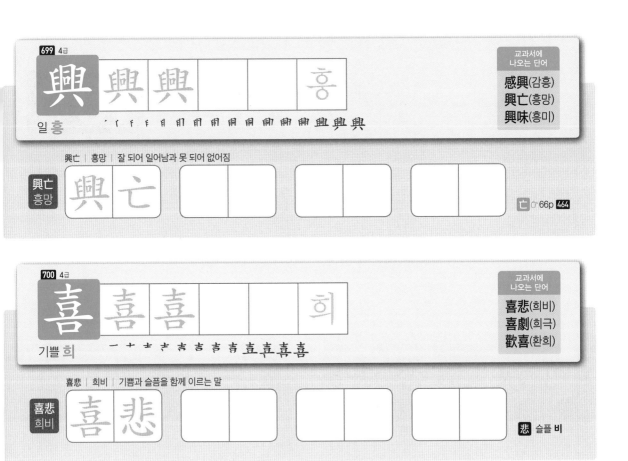

699 4급

興 興 興 ☐ ☐ 흥

일 흥

ノ ſ ſ ʃ ʃ ʃ ʃ ʃ ʃ ʃ ʃ ʃ ʃ 興 興 興

교과서에
나오는 단어

感興(감흥)
興亡(흥망)
興味(흥미)

興亡 | 흥망 | 잘 되어 일어남과 못 되어 없어짐

興亡
흥망

興 亡 | ☐ ☐ | ☐ ☐ | ☐ ☐

亡 ➪66p 464

700 4급

喜 喜 喜 ☐ ☐ 희

기쁠 희

一 十 士 丰 吉 吉 吉 责 责 喜 喜

교과서에
나오는 단어

喜悲(희비)
喜劇(희극)
歡喜(환희)

喜悲 | 희비 | 기쁨과 슬픔을 함께 이르는 말

喜悲
희비

喜 悲 | ☐ ☐ | ☐ ☐ | ☐ ☐

悲 슬플 비

 반대어 쓰기 **100**

001

可	決	⇔	否	決
옳을 **가**	결단할 **결**		아닐 **부**	결단할 **결**

可決 ⇔ 否決

可決 ⇔ 否決

002

架	空	⇔	實	在
시렁 **가**	빌 **공**		열매 **실**	있을 **재**

架空 ⇔ 實在

架空 ⇔ 實在

003

加	重	⇔	輕	減
더할 **가**	무거울 **중**		가벼울 **경**	덜 **감**

加重 ⇔ 輕減

加重 ⇔ 輕減

004

干	涉	⇔	放	任
방패 **간**	건널 **섭**		놓을 **방**	맡길 **임**

干涉 ⇔ 放任

干涉 ⇔ 放任

間接 ⇔ 直接

사이**간** 이을**접**　　곧을**직** 이을**접**

間接 ⇔ 直接

間接 ⇔ 直接

干潮 ⇔ 滿潮

방패**간** 밀물**조**　　찰**만** 밀물**조**

干潮 ⇔ 滿潮

干潮 ⇔ 滿潮

減産 ⇔ 增産

덜**감** 낳을**산**　　더할**증** 낳을**산**

減産 ⇔ 增産

減産 ⇔ 增産

拒否 ⇔ 承認

막을**거** 아닐**부**　　이을**승** 알**인**

拒否 ⇔ 承認

拒否 ⇔ 承認

傑作 ⇔ 拙作

뛰어날**걸** 지을**작**　　옹졸할**졸** 지을**작**

傑作 ⇔ 拙作

傑作 ⇔ 拙作

結果 ⇔ 原因

맺을**결** 실과**과**　　언덕**원** 인할**인**

結果 ⇔ 原因

結果 ⇔ 原因

12
일
차

011

困難	⇔	容易
곤할 곤　어려울 난(란)		얼굴 용　쉬울 이

012

供給	⇔	需要
이바지할 공　줄 급		쓰일 수　요긴할 요

013

公平	⇔	偏頗
공평할 공　평평할 평		치우칠 편　자못 파

014

過失	⇔	故意
지날 과　잃을 실		연고 고　뜻 의

015

寬大	⇔	嚴格
너그러울 관　클 대		엄할 엄　격식 격

016

拘束	⇔	放免
잡을 구　묶을 속		놓을 방　면할 면

017

均等 ⇔ 差等

고를 **균**　무리 **등**　　다를 **차**　무리 **등**

均等 ⇔ 差等

均等　　差等

018

僅少 ⇔ 過多

겨우 **근**　적을 **소**　　지날 **과**　많을 **다**

僅少 ⇔ 過多

僅少　　過多

019

及第 ⇔ 落第

미칠 **급**　차례 **제**　　떨어질 **낙(락)**　차례 **제**

及第 ⇔ 落第

及第　　落第

020

濫用 ⇔ 節約

넘칠 **남(람)**　쓸 **용**　　마디 **절**　맺을 **약**

濫用 ⇔ 節約

濫用　　節約

021

納稅 ⇔ 徵稅

들일 **납**　세금 **세**　　부를 **징**　세금 **세**

納稅 ⇔ 徵稅

納稅　　徵稅

022

内包 ⇔ 外延

안 **내**　쌀 **포**　　바깥 **외**　늘일 **연**

内包 ⇔ 外延

内包　　外延

12일차

023

弄 談 ⇔ 眞 談

희롱할 농(롱) · 말씀 담 · 참 진 · 말씀 담

024

單 式 ⇔ 複 式

홀 단 · 법 식 · 겹칠 복 · 법 식

025

當 番 ⇔ 非 番

마땅 당 · 차례 번 · 아닐 비 · 차례 번

026

對 話 ⇔ 獨 白

대할 대 · 말씀 화 · 홀로 독 · 흰 백

027

忘 却 ⇔ 記 憶

잊을 망 · 물리칠 각 · 기록할 기 · 생각할 억

028

滅 亡 ⇔ 隆 盛

꺼질 멸 · 망할 망 · 높을 융(륭) · 성할 성

摸倣 ⇔ 創造

본뜰 **모**　본뜰 **방**　　비롯할 **창**　지을 **조**

發生 ⇔ 消滅

필 **발**　날 **생**　　사라질 **소**　꺼질 **멸**

白晝 ⇔ 深夜

흰 **백**　낮 **주**　　깊을 **심**　밤 **야**

不當 ⇔ 妥當

아닐 **부**　마땅 **당**　　온당할 **타**　마땅 **당**

富裕 ⇔ 貧窮

부유할 **부**　넉넉할 **유**　　가난할 **빈**　다할 **궁**

紛爭 ⇔ 和解

어지러울 **분**　다툴 **쟁**　　화할 **화**　풀 **해**

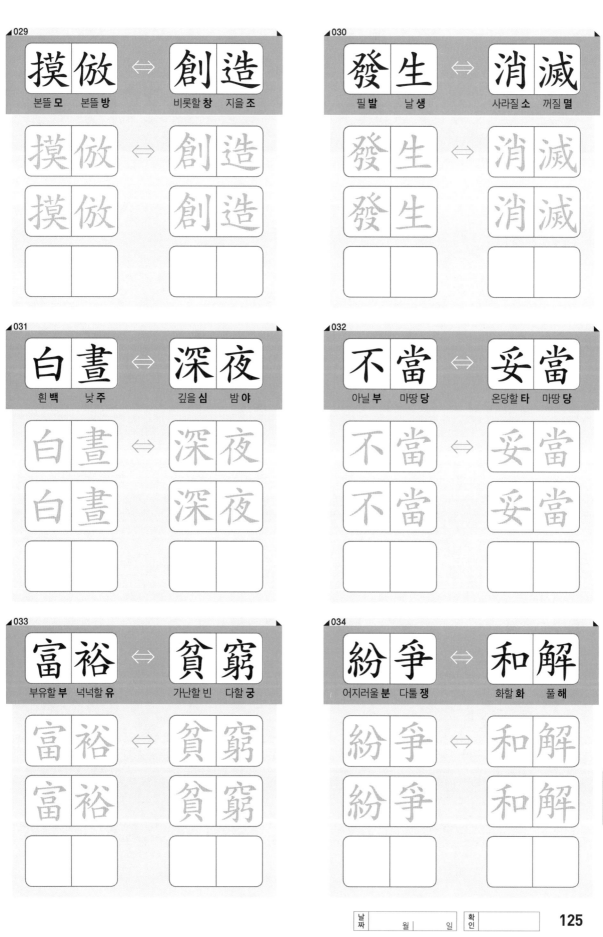

12 일 차

035
辭任 ⇔ 就任
말씀 사 맡길 임 　 나아갈 취 맡길 임

036
相逢 ⇔ 離別
서로 상 만날 봉 　 떠날 이(리) 나눌 별

037
洗練 ⇔ 稚拙
씻을 세 익힐 련(연) 　 어릴 치 옹졸할 졸

038
消滅 ⇔ 生成
사라질 소 꺼질 멸 　 날 생 이룰 성

039
送舊 ⇔ 迎新
보낼 송 예 구 　 맞을 영 새 신

040
拾得 ⇔ 遺失
주울 습 얻을 득 　 남길 유 잃을 실

126

041
新婦 ⇔ 新郎
새 신 며느리 부   새 신 사내 랑(낭)

042
愼重 ⇔ 輕率
삼갈 신 무거울 중   가벼울 경 거느릴 솔

043
惡化 ⇔ 好轉
악할 악 될 화   좋을 호 구를 전

044
安靜 ⇔ 興奮
편안 안 고요할 정   일 흥 떨칠 분

045
愛好 ⇔ 嫌惡
사랑 애 좋을 호   싫어할 혐 미워할 오

046
溫暖 ⇔ 寒冷
따뜻할 온 따뜻할 난   찰 한 찰 랭(냉)

12
일
차

047
緩慢 ⇔ 急激
느릴 **완**　거만할 **만**　　　급할 **급**　격할 **격**

048
外柔 ⇔ 内剛
바깥 **외**　부드러울 **유**　　　안 **내**　굳셀 **강**

049
容易 ⇔ 難解
얼굴 **용**　쉬울 **이**　　　어려울 **난**　풀 **해**

050
韻文 ⇔ 散文
운 **운**　글월 **문**　　　흩을 **산**　글월 **문**

051
原告 ⇔ 被告
언덕 **원**　고할 **고**　　　입을 **피**　고할 **고**

052
原書 ⇔ 譯書
언덕 **원**　글 **서**　　　번역할 **역**　글 **서**

遠心 ⇔ 求心

멀 원　마음 심　　구할 구　마음 심

遠心 ⇔ 求心

遠心　求心

遠洋 ⇔ 近海

멀 원　큰 바다 양　　가까울 근　바다 해

遠洋 ⇔ 近海

遠洋　近海

怨恨 ⇔ 恩惠

원망할 원　한 한　　은혜 은　은혜 혜

怨恨 ⇔ 恩惠

怨恨　恩惠

應用 ⇔ 原理

응할 응　쓸 용　　언덕 원　다스릴 리(이)

應用 ⇔ 原理

應用　原理

義務 ⇔ 權利

옳을 의　힘쓸 무　　권세 권　이로울 리(이)

義務 ⇔ 權利

義務　權利

異端 ⇔ 正統

다를 이(리)　끝 단　　바를 정　거느릴 통

異端 ⇔ 正統

異端　正統

13
일
차

059

人爲	⇔	自然
사람 **인** 할 **위**		스스로 **자** 그럴 **연**

060

低下	⇔	向上
낮을 **저** 아래 **하**		향할 **향** 윗 **상**

061

定着	⇔	漂流
정할 **정** 붙을 **착**		떠다닐 **표** 흐를 **류(유)**

062

弔客	⇔	賀客
조상할 **조** 손 **객**		하례할 **하** 손 **객**

063

拙劣	⇔	巧妙
옹졸할 **졸** 못할 **렬(열)**		공교할 **교** 묘할 **묘**

064

左遷	⇔	榮轉
왼 **좌** 옮길 **천**		영화 **영** 구를 **전**

065 重厚 ⇔ 輕薄
무거울 **중** 두터울 **후** 가벼울 **경** 엷을 **박**

066 增進 ⇔ 減退
더할 **증** 나아갈 **진** 덜 **감** 물러날 **퇴**

067 支出 ⇔ 收入
지탱할 **지** 날 **출** 거둘 **수** 들 **입**

068 進步 ⇔ 保守
나아갈 **진** 걸음 **보** 지킬 **보** 지킬 **수**

069 質疑 ⇔ 應答
바탕 **질** 의심할 **의** 응할 **응** 대답 **답**

070 借用 ⇔ 返濟
빌릴 **차** 쓸 **용** 돌이킬 **반** 건널 **제**

13 일 차

071

慘敗 ⟺ 快勝

참혹할 **참** 패할 **패** 　 쾌할 **쾌** 이길 **승**

072

超人 ⟺ 凡人

뛰어넘을 **초** 사람 **인** 　 무릇 **범** 사람 **인**

073

總角 ⟺ 處女

다 **총** 뿔 **각** 　 곳 **처** 여자 **녀(여)**

074

抽象 ⟺ 具體

뽑을 **추** 코끼리 **상** 　 갖출 **구** 몸 **체**

075

縮小 ⟺ 擴大

줄일 **축** 작을 **소** 　 넓힐 **확** 클 **대**

076

忠臣 ⟺ 逆臣

충성 **충** 신하 **신** 　 거스릴 **역** 신하 **신**

077
治世 ⇔ 亂世
다스릴 치 인간 세   어지러울 난(란) 인간 세

078
快樂 ⇔ 苦痛
쾌할 쾌 즐길 락(낙)   쓸 고 아플 통

079
脫退 ⇔ 加入
벗을 탈 물러날 퇴   더할 가 들 입

080
統合 ⇔ 分析
거느릴 통 합할 합   나눌 분 쪼갤 석

081
退步 ⇔ 進步
물러날 퇴 걸음 보   나아갈 진 걸음 보

082
特殊 ⇔ 普遍
특별할 특 다를 수   넓을 보 두루 편

083						
破	壞	⇔	建	設		
깨뜨릴 **파**	무너질 **괴**		세울 **건**	베풀 **설**		

破 壞 ⇔ 建 設

破 壞 ⇔ 建 設

084				
平	等	⇔	差	別
평평할 **평**	무리 **등**		다를 **차**	나눌 **별**

平 等 ⇔ 差 別

平 等 ⇔ 差 別

085				
廢	業	⇔	開	業
폐할 **폐**	업 **업**		열 **개**	업 **업**

廢 業 ⇔ 開 業

廢 業 ⇔ 開 業

086				
被	害	⇔	加	害
입을 **피**	해할 **해**		더할 **가**	해할 **해**

被 害 ⇔ 加 害

被 害 ⇔ 加 害

087				
畢	讀	⇔	始	讀
마칠 **필**	읽을 **독**		비로소 **시**	읽을 **독**

畢 讀 ⇔ 始 讀

畢 讀 ⇔ 始 讀

088				
必	然	⇔	偶	然
반드시 **필**	그럴 **연**		짝 **우**	그럴 **연**

必 然 ⇔ 偶 然

必 然 ⇔ 偶 然

089

下待 ⇔ 恭待

아래 **하**　기다릴 **대**　　공손할 **공**　기다릴 **대**

下待 ⇔ 恭待

下待　　恭待

090

下落 ⇔ 騰貴

아래 **하**　떨어질 **락(낙)**　　오를 **등**　귀할 **귀**

下落 ⇔ 騰貴

下落　　騰貴

091

夏至 ⇔ 冬至

여름 **하**　이를 **지**　　겨울 **동**　이를 **지**

夏至 ⇔ 冬至

夏至　　冬至

092

陷沒 ⇔ 隆起

빠질 **함**　빠질 **몰**　　높을 **융(륭)**　일어날 **기**

陷沒 ⇔ 隆起

陷沒　　隆起

093

解散 ⇔ 集合

풀 **해**　흩을 **산**　　모을 **집**　합할 **합**

解散 ⇔ 集合

解散　　集合

094

許可 ⇔ 禁止

허락할 **허**　옳을 **가**　　금할 **금**　그칠 **지**

許可 ⇔ 禁止

許可　　禁止

13
일
차

095

虛僞 ⇔ 眞實

빌 허　거짓 위　　참 진　열매 실

虛僞 ⇔ 眞實

虛僞　　眞實

096

革新 ⇔ 保守

가죽 혁　새 신　　지킬 보　지킬 수

革新 ⇔ 保守

革新　　保守

097

現實 ⇔ 理想

나타날 현　열매 실　　다스릴 이(리)　생각 상

現實 ⇔ 理想

現實　　理想

098

紅顔 ⇔ 白髮

붉을 홍　낯 안　　흰 백　터럭 발

紅顔 ⇔ 白髮

紅顔　　白髮

099

訓讀 ⇔ 音讀

가르칠 훈　읽을 독　　소리 음　읽을 독

訓讀 ⇔ 音讀

訓讀　　音讀

100

興奮 ⇔ 鎭靜

일 흥　떨칠 분　　진압할 진　고요할 정

興奮 ⇔ 鎭靜

興奮　　鎭靜

날짜　　월　　일　　확인